山海经

神怪大全

黄创业 —— 著绘

天津出版传媒集团

天津人民出版社

图书在版编目（CIP）数据

山海经神怪大全 / 黄创业著绘. -- 天津 : 天津人
民出版社, 2023.11
　　ISBN 978-7-201-19849-1

　　Ⅰ.①山… Ⅱ.①黄… Ⅲ.①《山海经》 - 通俗读物
Ⅳ.①K928.626-49

中国国家版本馆CIP数据核字(2023)第209029号

山海经神怪大全
SHANHAIJING SHENGUAI DAQUAN

黄创业 著绘

出　　版　天津人民出版社
出版人　刘　庆
地　　址　天津市和平区西康路35号康岳大厦
邮政编码　300051
邮购电话　（022）23332459
电子信箱　reader@tjrmcbs.com

责任编辑　玮丽斯
监　　制　黄　利　万　夏
特约编辑　路思维　杨　森
营销支持　曹莉丽
装帧设计　**紫图装帧**

制版印刷　艺堂印刷（天津）有限公司
经　　销　新华书店
开　　本　710毫米×1000毫米　1/16
印　　张　31.5
字　　数　257千字
版次印次　2023年11月第1版　2023年11月第1次印刷
定　　价　119.00元

序 言

《山海经》作为中国乃至世界传统文化的瑰宝，内含的神秘异兽形象、传说故事以及民间风俗让人叹为观止，让我们不得不佩服古人的"想象力"。

现今我们所见到的《山海经》都是图文并茂，而历代的《山海经》注家、学者还有画家对其古图的由来进行了很多的推测，最后大致归纳出四种说法，分别为：禹鼎说、地图说、壁画说和巫图说。

但"今所见图"，基本上都是由明清时期的画师所画。

他们并非以古图作为母本创作，基本都以文本创作或者以不同画师的版本加以润色，而且时隔几百年，图像服饰上有了浓厚的时代美学特征，同时有精怪化、连环画的倾向。

那么最原始的那份"想象力"到底是怎么样的呢？

为了更靠近这份"想象"，本人5年时间内除了研读《山海经》及相关学者的研究文集以外，搜寻更多散乱在古籍内的"同名异兽与神祇"的信息，以《山海经》文本为母，结合更多同名传说故事，丰富其寥寥几笔的形象背景。

为了更靠近这份"想象"，本人剥去时代的服饰特征，剥去绚丽的色彩特征，以最原始最神秘的自然崇拜野性为大基调，以更靠近"古图"的线条刻画图鉴，结合除《山海经》原文外的传说故事，编制"一神一图"的档案。

为了更靠近这份"想象"，除了重新创作明清时期《山海经》已有的图鉴外，根据寥寥几笔的描述，翻阅对比大量的古籍与民间故事，增添了许多以往空有其名的新图鉴，共 500 幅。

本书中大多是"兽兽结合"和"人兽结合"的神怪，前者体现了先民对大自然的无力感，对于美好生活的向往，祈祷能从神怪中了解更多祸福的前兆或是从其中获得更多的价值。

而在其中出现的天神、山神等神怪形象属于后者，被赋予更多的神奇力量，这与动物图腾崇拜有着密切的联系。他们能言善辩，具有人的感情，也拥有"兽"的特征以及应对自然的能力。这反映了先民在意识上对自身作为"人"的自豪和认同。与此同时，先民对于自然的敬畏也非常深，所以他们的观念中更加体现了人与自然密不可分这一信念。

本人希望带给大家一套相对完整且更有画面感的《山海经》世界观，图鉴相对更全，更贴近自然崇拜的野性与神秘。同时结合《山海经》晦涩难懂的文本，添加了更多的同名传说、故事或注释，让《山海经》更加通俗易懂。

希望每个踏入这片区域的人，都能感受到"子不语怪力乱神"，"吾只求其存于心"。

黄创业

2022 年 11 月于深圳

目 录

幸运图鉴

守护图鉴

美食图鉴

奇异图鉴

目 录

灾难图鉴

Xingyun Tujian

幸运图鉴

在中国传统文化中，一般将承载美好寄托的鸟兽称为瑞鸟或瑞兽。其所到之处，皆有好事发生，可谓福气满满。因此，瑞鸟纹或瑞兽纹常见于府邸、官场和一些驱邪祈福的器件上。而很多流传至今、人们耳熟能详的瑞鸟和瑞兽正是来自于《山海经》。

001

猼訑

bó

yí

简介

猼訑，九尾、四耳，
眼睛长在背上，传说佩戴它的
皮毛战无不胜。

原典

《山海经·南山经》有兽焉，
其状如羊，九尾四耳，其目在背，
其名曰猼訑，佩之不畏。

典故

猼訑，长相温顺，实则神勇无比，长有四耳，立有
顶角使它威风凛凛，更厉害的是身有九尾，要知道"九"乃数之极。
猼訑长九尾说明其在山海经异兽中地位之高，整部山海经中
只有寥寥几位九尾神兽，比如九尾狐、陆吾等。

鸟首龙身神

niǎo

shǒu

lóng

shēn

shén

第一章

幸运图鉴

简介 鸟首龙身神，鹊山之神，无名，龙身鸟首。山神大概喜欢毛，人们祭祀时将带毛的动物和一块碧玉一起埋入地下，用稻米供奉山神。

原典 《山海经·南山经》凡南次二山之首，自柜山至于漆吴之山，凡十七山，七千二百里。其神状皆龙身而鸟首。

003

凤皇

fèng

huáng

简介 凤皇，一种形状像鸡的鸟，全身上下是五彩羽毛，头上的花纹是"德"字的形状，翅膀上的花纹是"義"（义）字的形状，背部的花纹是"礼"字的形状，胸部的花纹是"仁"字的形状，腹部的花纹是"信"字的形状。

凤皇饮食从容不迫，悠然自得，常常是自个儿边唱边舞，一出现天下就会太平，是受尽世人喜爱的瑞兽。

原典 《山海经·南山经》又东五百里，曰丹穴之山。其上多金玉。丹水出焉，而南流注于渤海。有鸟焉，其状如鸡，五采而文，名曰凤皇，首文曰德，翼文曰义，背文曰礼，膺文曰仁，腹文曰信。是鸟也，饮食自然，自歌自舞，见则天下安宁。

典故 相传凤皇能知天下治乱兴衰，是王道仁政的最好体现，是乱世兴衰的晴雨表，是神学政治的"形象大使"。古人曾分出五个等级，以凤皇的五种行止标志政治上的清明程度，于是历代帝王都把"凤鸣朝阳""百鸟朝凤"当成盛世太平的象征。传说，凤皇浴火重生。相传在五百年前，有一种神鸟，集香木自焚，然后从死灰中复活，美艳非常，不再死，是以被称为不死鸟，也就是凤皇。关于凤皇还有一说，说凤皇是死神的使者，负责勾走人的魂魄，好人升天，坏人入地。部分地区还流传着"凤皇勾魂"的传说。

人首龙身神

rén
shǒu
lóng
shēn
shén

简介　人首龙身神是南方第三列山系的山神，共十四位，都长着人首龙身。

原典　《山海经·南山经》凡南次三山之首，自天虞之山以至南禺之山，凡一十四山，六千五百三十里，其神皆龙身而人面。

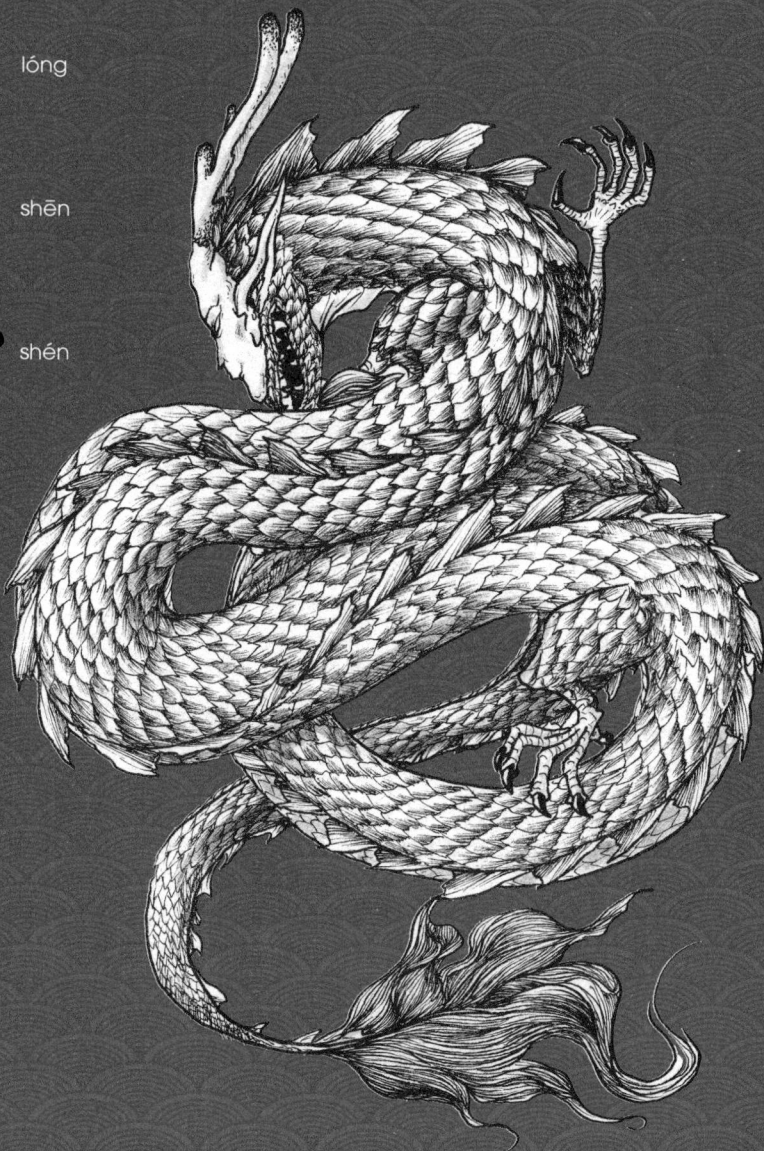

005

鹓雏

yuān

chú

简介　在中国传说中，鹓雏是与鸾凤同类的鸟。
人们用它来比喻贤才或高贵的人。

原典　《山海经·南山经》佐水出焉，
而东南流注于海，有凤皇、鹓雏。

典故　《庄子·秋水篇》有这样一个故事：惠子在梁国当宰相，庄子去看望他。
有人对惠子说："庄子到梁国来，想取代你做宰相。"惠子非常害怕，在
国都中搜捕庄子三天三夜。庄子前去见他，说："南方有一种鸟，名字
叫鹓雏，你知道它吗？鹓雏从南海起飞，飞到北海去，不是梧桐树不
栖息，不是竹子的果实不吃，不是甜美的泉水不喝。在这时，一只猫
头鹰得到一只腐臭的老鼠，鹓雏从它面前飞过，猫头鹰仰头看着鹓雏，
发出怒斥声。而你是以为我想要你梁国宰相的官位所以来恐吓我吗？"
庄子以鹓雏自比，说自己有高远的心志，并非汲汲于官位利禄之辈，
但谗佞之徒却以小人之心度之。

玃如

jué

rú

简介	玃如外形像鹿，长着白尾、马蹄、人手，有四只角。后世传其通体莹白如玉，身带仙姿。
原典	《山海经·西山经》有兽焉，其状如鹿而白尾，马足人手而四角，名曰玃如。
典故	玃如通体洁白如玉，很像传说中的九色鹿。传闻，玃如也叫四不像，《封神榜》中姜太公的坐骑就是四不像，骑上它可以足踏祥云，日行千里。

第一章

幸运图鉴

羭山神

yú

shān

shén

山海经

神怪大全

八

008

龙首鸟身神

lóng

shǒu

niǎo

shēn

shén

简介 从招摇山起，直到箕尾山止，一共是十座山，这十座山的山神都长着鸟的身子、龙的头。

原典 《山海经·南山经》凡䧿山之首，自招摇之山，以至箕尾之山，凡十山，二千九百五十里。其神状皆鸟身而龙首。

简介 女床山里有一种鸟，形状像野鸡，羽毛有五彩斑纹，它的名字叫作鸾鸟，只要它一出现，就天下太平。

原典 《山海经·西山经》有鸟焉，其状如翟而五采文，名曰鸾鸟，见则天下安宁。

典故 根据《禽经》，鸾鸟是一种瑞鸟，而且有不同的颜色，头与翅膀是红色的叫丹凤，青色的叫羽翔，白色的叫化翼，黑色的叫阴翥，黄色的叫土符。

009

鸾鸟

luán

niǎo

人面马身神

rén

miàn

mǎ

shēn

shén

| 简介 | 人面马身神属于西方第二列山系山神，共有十位，它们都是马身、人面、鸟翼、虎纹。 |

| 原典 | 《山海经·西山经》凡西次二经之首，自钤山至于莱山，凡十七山，四千一百四十里。其十神者，皆人面而马身。 |

人面牛身神

| 简介 | 人面牛身神，是西方第二列山系的山神，共有七位。它们不会飞，走路时还拄着一根拐杖，会说人话，能预知灾祸。 |

| 原典 | 《山海经·西山经》其七神，皆人面牛身，四足而一臂，操杖以行，是为飞兽之神。 |

| 典故 | 据说有一种人面牛身的妖怪，叫件。件从牛或者别的家畜中出生，每百年轮回一次。件一生下来就会说人类的语言，能预知未来，说完马上死去。件的预言多为不祥，但十分准确。 |

山海经

神怪大全

二二

012

英
yīng

招
zhāo

简介　英招人面马身，身上有虎一样的斑纹，并长有鸟的翅膀，发出的声音像是辘轳抽水的嘶鸣声。槐江山是天帝在人间的园圃，天神英招就是负责管理这片园圃的。

原典　《山海经·西山经》实惟帝之平圃，神英招司之，其状马身而人面，虎文而鸟翼，徇于四海，其音如榴。

西王母

xī
wáng
mǔ

简介 西王母人形豹尾，长着虎牙，善于啸叫。蓬松的头发上戴着玉胜，主管上天灾厉和五刑残杀之事。

原典 《山海经·西山经》又西三百五十里，曰玉山，是西王母所居也。西王母其状如人，豹尾虎齿而善啸，蓬发戴胜，是司天之厉及五残。

典故 周穆王风流潇洒，见多识广，爱江山更爱美人，他听说西王母是绝代美女，所以特地前去拜访。据《穆天子传》记载，周穆王赠西王母以白圭玄璧，两人同游瑶池，言谈甚欢。
周穆王还在山上立了块碑，上刻"西王母之山"五字。
分别之日，西王母和周穆王依依惜别。西王母道："白云在天，山陵自出，道里悠远，山川间之，将子无死，尚能复来。"
但周穆王直到死时，也没再去见西王母。

陆吾

陆 lù

吾 wú

| 简介 | 陆吾人面虎爪，虎身九尾，传说是昆仑山山神。据说它是黄帝的臣子，主管天上九域的领地和天帝苑圃的时节。 |

原典 《山海经·西山经》西南四百里，曰昆仑之丘，是实惟帝之下都，神陆吾司之。其神状虎身而九尾，人面而虎爪，是神也，司天之九部及帝之圃时。

典故 陆吾交友众多，除了龙九子，大禹也是他的朋友。由虬龙化而成的大禹，不仅承继了父亲鲧的非凡能力，而且立下志愿，要继续完成父亲的治水事业。也许天帝对自己降下洪水惩罚人类的做法渐渐有些悔悟，或者被鲧、禹父子不屈不挠的精神震动，当禹上天庭讨要息壤时，天帝不仅将息壤送给了大禹，而且任命他到下方去治理洪水，还派应龙和陆吾做他的助手。传说陆吾与共工九战皆败，为大禹争取了治水的时间。

第一章 幸运图鉴

一五

简介　玉山中有一种兽，它的形状像狗，身上有豹一样的斑纹，长着牛一样的角，它叫作狡。狡发出的声音跟犬吠声相像，它出现在哪个国家，哪个国家就会五谷丰登。

原典　《山海经·西山经》有兽焉，其状如犬而豹文，其角如牛，其名曰狡，其音如吠犬，见则其国大穰。

典故　狡的本义为少壮的狗。《说文》云："狡，少狗也。"据说匈奴有狡犬，是一种浑身黑色长着巨口的兽。

015

狡 jiǎo

016

少昊

shào

hào

简介	少昊生于穷桑，擅长弹琴、治水、农耕。 他曾以鸟作官名，还设有管理手工业和农业的官。
原典	《山海经·西山经》又西二百里，曰长留之山， 其神白帝少昊居之。其兽皆文尾，其鸟皆文首。
典故	在少昊诞生的时候，天空有五只凤凰飞落在少昊氏的院里，它们颜色各异， 是按五方的颜色红、黄、青、白、玄而生成的，因此少昊又称为凤鸟氏。 少昊开始以玄鸟（也就是燕子）作为本部的图腾，后在穷桑即大联盟首领 位时，有凤鸟飞来，少昊大喜，于是改以凤鸟为族神，崇拜凤鸟图腾。

017

帝 dì

江 hóng

简介 帝江外形像黄口袋，颜色像红火，长着六只脚、四只翅膀，没有面目，是原始先民的歌舞之神。

原典 《山海经·西山经》有神焉，其状如黄囊，赤如丹火，六足四翼，混沌无面目，是识歌舞，实惟帝江也。

典故 帝江也叫混沌，是中央的天帝，他和南海的天帝倏、北海的天帝忽，经常一起玩耍，帝江招待他们非常殷勤、周到。有一天倏和忽在一块儿商量怎样报答帝江的恩德。他们看每个人都有七窍，而帝江一窍也没有，未免美中不足，于是想替他凿出七窍。他们用七天凿了七窍，但帝江却"呜呼哀哉，寿终正寝"了。

018

耆童

qí

tóng

| 简介 | 耆童居住在騩山，他发出的声音常常像敲钟击磬的响声，传说是音乐的创始人。 |

| 原典 | 《山海经·西山经》又西一百九十里，曰騩山，其上多玉而无石。神耆童居之，其音常如钟磬。其下多积蛇。 |

| 典故 | 耆童，又名卷章、老童。他是"老"和"童"两姓氏的始祖，他生下祝融，还是楚国的先祖。传说他擅长音乐，经常在山上高声歌唱。
老童的音乐天赋和父亲颛顼喜欢音乐有密切关系。当颛顼幼年在东方海外做客的时候，百鸟婉转的歌声已经使他深深受到音乐的洗礼。后来叔父少昊又特别拿琴和瑟来供他弹弄拂玩，就更养成了他对于音乐的爱好。他仿效八方风的声音，做出"承云之歌"，以祭曾祖父黄帝。 |

019

羊身人面神

yáng
shēn
rén
miàn
shén

简介 羊身人面神有羊的身子，人的面孔，是西方第三列山系的山神，共有二十三位。

原典 《山海经·西山经》凡西次三山之首，自崇吾之山至于翼望之山，凡二十三山，六千七百四十四里。其神状皆羊身人面。

白 bái

狼 láng

简介 原典 典故

白狼生活在盂山中。民间传说白狼是一种祥瑞之兽。

《山海经·西山经》又北二百二十里，曰盂山，其阴多铁，其阳多铜，其兽多白狼白虎，其鸟多白雉白翟。

据说只有当政者仁德睿智时，白狼才会现世。据《国语·周语》记载，周穆王征伐犬戎，得到了四头白狼、四头白鹿，凯旋，由此可见，白狼的确是祥瑞的征兆，每个得到它的国君都认为自己的道德高尚，获得了白狼的青睐。

第一章

幸运图鉴

021

白 _{bái}

虎 _{hǔ}

简介	白虎，天之四灵之一，代表西方之宿，征四象中的少阴，四季中的秋季。
原典	《山海经·西山经》又西二百二十里，曰鸟鼠同穴之山，其上多白虎、白玉。
典故	在中国四圣兽中，虎为百兽之长，它很威猛，传说有降服鬼物的能力，是属阳的神兽，常常跟着龙一起出动。"云从龙，风从虎"，青龙和白虎是降服鬼物的一对最佳拍档。白虎还是司掌兵戈的战神，具有避邪、禳灾、祈丰及惩恶扬善、发财致富、喜结良缘等多种神力。

龙龟

lóng

guī

简介	传说龙龟是龙种龟身，也叫吉吊。龙龟是由龙所生的卵中的一个孵化而来，既能在水中生活，也能上树。
原典	《山海经·北山经》隄水出焉，而东流注于泰泽，其中多龙龟。
典故	《升庵外集》中记载过一种似龙似龟之物。传说龙生九子，皆没成龙状，各有所好。其中一种称赑屃，形态像龟，擅长负重，现今多为在石碑下的龟状物。

人面蛇身神

rén

miàn

shé

shēn

shén

山海经 ｜ 神怪大全

简介　人面蛇身神属于北方第二列山
系山神，共十七位，诸山神都
长着蛇的身子、人的面孔。

原典　《山海经·北山经》凡北次二山之首，
自管涔之山至于敦题之山，凡十七山，
五千六百九十里。其神皆蛇身人面。

024

䰠
hún

简介 䰠住在归山，形体像普通的羚羊却有四只角，还长着马一样的尾巴和鸡一样的爪子，善于盘旋起舞，发出的叫声是自己的名字。

原典 《山海经·北山经》有兽焉，其状如麢羊而四角，马尾而有距，其名曰䰠，善还，其鸣自讠丩。

典故 䰠长着四个犄角，有人说它其实是四角羚，被印度视为吉祥的象征。也有人说䰠可能是驯鹿。鹿在古人心目中是"信而应礼"，远古时代就出现了鹿崇拜。

第一章

幸运图鉴

二五

天 tiān
马 mǎ

| 简介 | 马成山里有一种野兽，外形像普通的白狗，却长着黑脑袋，一看见人就腾空飞起，名叫天马。 |

| 原典 | 《山海经·北山经》有兽焉，其状如白犬而黑头，见人则飞，其名曰天马，其鸣自讪。 |

人面马身神

<ruby>人<rt>rén</rt></ruby> <ruby>面<rt>miàn</rt></ruby> <ruby>马<rt>mǎ</rt></ruby> <ruby>身<rt>shēn</rt></ruby> <ruby>神<rt>shén</rt></ruby>

第一章

幸运图鉴

简介 太行山以至无逢山的四十六位山神，都长着人面马身。

原典 《山海经·北山经》凡北次三山之首，自太行之山以至于无逢之山，凡四十六山，万二千三百五十里。其神状皆马身而人面者廿神。其祠之，皆用一藻瘞之。

027

十四神

<ruby>十<rt>shí</rt></ruby> <ruby>四<rt>sì</rt></ruby> <ruby>神<rt>shén</rt></ruby>

简介 十四神是北方第三列山系的山神，长着猪一样的身子，身上佩戴着玉。

原典 《山海经·北山经》其十四神状皆彘身而载玉。其祠之：皆玉，不瘞。

彘身八足神

zhì
shēn
bā
zú
shén

简介 彘身八足神属于北方第三列山系山神，共十位，有猪的身体，长着八只脚，有蛇尾。

原典 《山海经·北山经》其十神状皆彘身而八足，蛇尾。其祠之：皆用一璧瘗之。

029

龙首人身神

lóng
shǒu
rén
shēn
shén

简介　龙首人身神长有人的身体和龙的头。

原典　《山海经·东山经》凡东山之首，自樕蠢之山以至于竹山，凡十二山，三千六百里。其神状皆人身龙首。

羊角人身神是拥有人身、羊角的山神。

《山海经·东山经》凡东次三山之首，自尸胡之山至于无皋之山，凡九山，六千九百里。其神状皆人身而羊角。

《纪闻》有一个关于羊头人的故事：开元末年，有一人喜欢吃羊头。一日早晨出门，见有一身穿华丽服饰的羊头人站在门口，对他说："我是羊神，因为你喜欢吃羊头，所以来请你不要再吃，不然我会杀你。"那人一听非常恐惧，后来再也没有吃过羊了。

030

羊 yáng

角 jiǎo

人 rén

身 shēn

神 shén

031

当康

dāng

kāng

简介 当康又称牙豚，是中国古代神话传说中的瑞兽，长得像猪，身长六尺，高四尺，浑身青色，有两只大耳，口中伸出四个长牙，如象牙一般，暴露在嘴巴外面。

原典 《山海经·东山经》有兽焉，其状如豚而有牙，其名曰当康，其鸣自叫，见则天下大穰。

典故 当康是一种兆丰穰的瑞兽。传说，当康会在丰收的年岁里鸣叫着自己的名字跳着舞出现。

当康为丰收鸣瑞，是农耕时代人们所祈望的喜事。数千年来，猪都是一种重要的家畜，与农业生产有着重要联系。在中国部分地区，春节期间有贴"肥猪拱门"剪纸的习俗。据说"肥猪"会驮着元宝来拱门，民间便以此来预示丰年之喜。这与长得形似猪的当康的"见则天下大穰"可能有一种精神和理念上的联系。

第一章

幸运图鉴

032

人面鸟身神

rén

miàn

niǎo

shēn

shén

简介

济山山系，自首座山辉诸山起到蔓渠山止，共有九座山，总长一千六百七十里。每座山的山神的形状都是人面鸟身。祭祀这些山神时都要用带毛的动物，并且用一块彩色的玉，把它投入山中，不用精米。

原典

《山海经·中山经》凡济山之首，自辉诸之山至于蔓渠之山，凡九山，一千六百七十里。其神皆人面而鸟身。祠用毛，用一吉玉，投而不糈。

典故

济山山系的九位山神，均是人面鸟身。人面鸟的形象在中国神话中相当常见。在马王堆汉墓出土帛画中有二人头鸟，相对而立；河南邓县（今邓州市）彩色画像砖中亦有人面鸟身展翅歌舞的形象。

《楚辞·离骚》中提到的飞廉，也是人面鸟身。据说飞廉是司风的天神，又称风伯。传说蚩尤请来了风伯、雨师施展法术，使黄帝部众迷失了方向。黄帝制造了指南车，辨别了风向，才把蚩尤打败。风伯后来归降了黄帝。

033

熏池

xūn

chí

简介 敖岸山的南面有很多瑾瑜玉，山的北面有许多红土、黄金，有一位名叫熏池的神就住在这座山里。山中常常出产美玉。

原典 《山海经·中山经》中次三经萯山之首，曰敖岸之山，其阳多瑾瑜之玉，其阴多赭、黄金。神熏池居之。

第一章 幸运图鉴

三三

034

武罗

wǔ

luó

简介　青要山是天帝的秘密行宫，山神武罗掌管着
这座山。武罗长着人一样的脸，身上有豹一样的
斑纹，腰身细小，牙齿洁白，耳朵上戴着金银环。
武罗的声音像玉石碰撞一样清脆

原典　《山海经·中山经》魋武罗司之，其状人面而豹文，
小要而白齿，而穿耳以镰，其鸣如鸣玉。

典故　武罗神经常被塑造成美丽女性的形象，比如萧云从绘
制的武罗神。袁珂在《中国古代神话》中说，武罗可
能就是《楚辞·九歌·山鬼》中所写的山鬼女神。

035

泰逢
tài
féng

简介

泰逢是和山山神，人身虎尾。
他负责兴云布雨，变换天地之气。

原典

《山海经·中山经》又东二十里，曰和山，其上
无草木而多瑶碧，实惟河之九都。是山也五曲，
九水出焉，合而北流注于河，其中多苍玉。吉
神泰逢司之，其状如人而虎尾，是好居于苕山之
阳，出入有光。泰逢神动天地气也。

典故

《历代神仙通鉴》中记载，泰逢神住在和山，喜
欢出游，出行会驾着纹彩马，出入时闪闪发光。
泰逢有调动天地之气的能力，能够控制云雨。
百姓称赞他是吉神，也有说是河神。
传说，夏朝昏君孔甲有一次在苕山之下打猎。忽
然大风骤起，天色变得十分昏暗，孔甲便迷了
路，这场怪风即是泰逢为了惩罚昏君而刮起的。

第一章

幸运图鉴

兽身人面神

shòu

shēn

rén

miàn

shén

山海经

神怪大全

简介 兽身人面神是厘山山系九座山的山神，兽面人身，头上有角，看上去和麋鹿角差不多。

原典 《山海经·中山经》凡厘山之首，自鹿蹄之山至于玄扈之山，凡九山，千六百七十里。其神状皆人面兽身。

骄虫

jiāo

chóng

简介 骄虫是螫虫的首领，居住在平逢山，这座山其实就是各种蜂包括蜜蜂的巢穴所在。骄虫长得像人，却长着两个脑袋。

原典 《山海经·中山经》有神焉，其状如人而二首，名曰骄虫，是为螫虫，实惟蜂蜜之庐。其祠之：用一雄鸡，禳而勿杀。

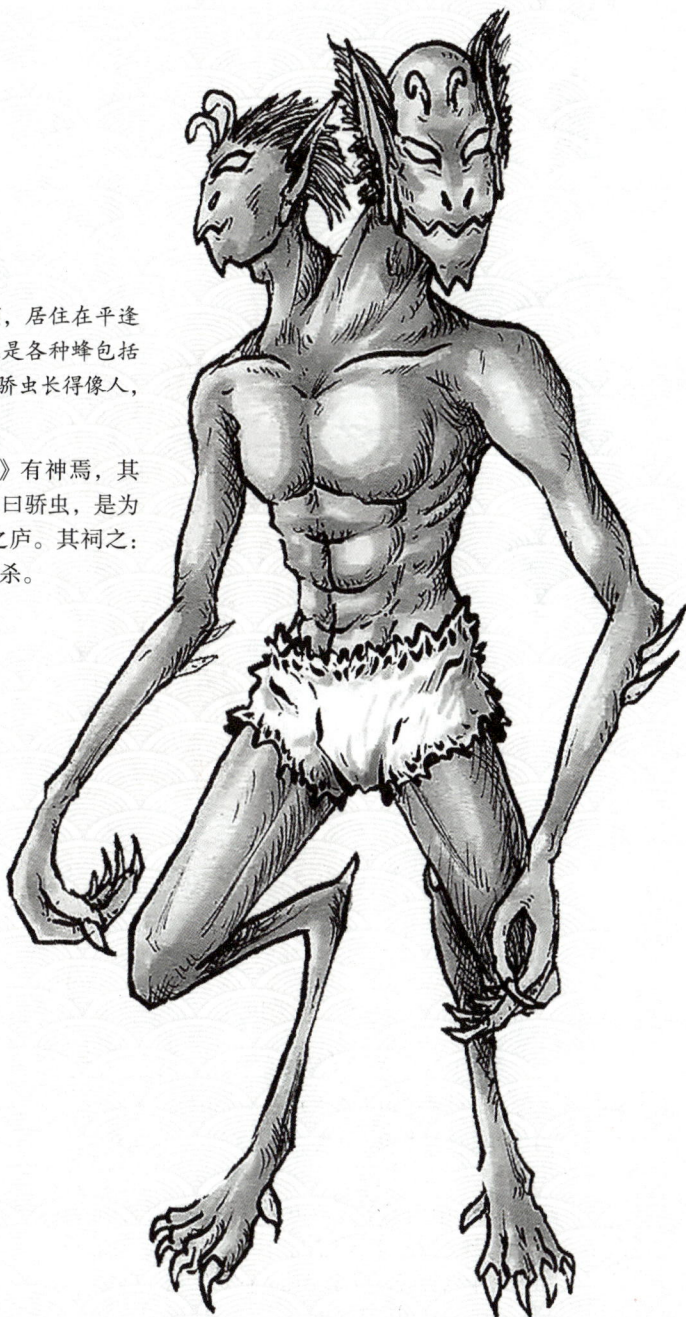

豕身人面神

shǐ

shēn

rén

miàn

shén

山海经

神怪大全

简介　豕身人面神是苦山山系中的十六座山的山神均是猪身人面。

原典　《山海经·中山经》凡苦山之首，自休与之山至于大騩之山，凡十有九山，千一百八十四里。其十六神者，皆豕身而人面。其祠：毛牷用一羊羞，婴用一藻玉瘗。

039

十六山神

shí
liù
shān
shén

简介 自苟林山起到阳虚山止，一共十六座山，十六山神便是管理这些山的神。《山海经》中没有描绘这些山神的具体样貌，但写了如何祭祀山神。

原典 《山海经·中山经》凡薄山之首，自苟林之山至于阳虚之山，凡十六山，二千九百八十二里。升山，冢也，其祠礼：太牢，婴用吉玉。首山，魋也，其祠用稌、黑牺太牢之具蘗酿；干儛，置鼓；婴用一璧。尸水，合天也，肥牲祠之；用一黑犬于上，用一雌鸡于下，刉一牝羊，献血。婴用吉玉，采之，飨之。

040

计蒙

jì
méng

简介 播雨之神，居住在光山。他人身龙首，经常在漳水的深潭中巡游，出入时一定会伴有疾风和暴雨。

原典 《山海经·中山经》又东百三十里，曰光山，其上多碧，其下多木。神计蒙处之，其状人身而龙首，恒游于漳渊，出入必有骠风暴雨。

马身龙首神

mǎ
shēn
lóng
shǒu
shén

简介
马身龙首神是岷山山系的山神都是马身龙头。祭祀这些山神的方法为：将一只雄鸡埋入地下作为祭品，以稻米作为祭祀用的精米。文山、勾㭫山、风雨山、骄山，皆是大的山神的居住之所。祭祀这几位山神的仪式为：向他们敬献美酒，用猪、羊二牲齐备的少牢之礼，以一块彩色的玉作为悬挂在山神颈部的饰物。

原典
《山海经·中山经》凡岷山之首，自女几山至于贾超之山，凡十六山，三千五百里。其神状皆马身而龙首。其祠：毛用一雄鸡瘗，糈用稌。

典故
马身龙首神的形象犹如传说中的龙马，《尚书中候·握河纪》记载：伏羲氏统治天下时期，龙马背负河图出于孟河。《宋书·符瑞中》记载：龙马是仁德之马，河中的精灵。它高八尺五寸，长长的颈项生有翅膀，两旁有下垂的长毛，鸣叫有各种悲沉的声调。

042

熊山神

xióng

shān

shén

简介 熊山山神是岷山山系
诸山神的首领。

原典 《山海经·中山经》熊山，帝也。
其祠：羞酒，太牢具，婴用一璧。
干儛，用兵以禳；祈，珠冕舞。

典故 祭祀这熊山神的仪式为：向其敬酒，用猪、羊、牛三牲齐备的太牢
之礼，以一块玉璧作为悬挂在山神颈部的饰物。祭祀时，手拿盾牌
起舞，以求消除战争灾祸；祈祷时，手持美玉、身穿礼服跳舞。

043

龙身人面神

lóng
shēn
rén
miàn
shén

简介　龙身人面神是首阳山山系的山神都是龙身人面。祭祀这些山神的仪式为：用一只雄鸡作为毛物，埋入地下作为祭品，用五种米作为祭祀用的精米。

原典　《山海经·中山经》凡首阳山之首，自首山至于丙山，凡九山，二百六十七里。其神状皆龙身而人面。其祠之：毛用一雄鸡瘞，糈用五种之糈。

彘身人首神 zhì shēn rén shǒu shén

简介 彘身人首神是荆山山系的山神皆是猪身人首。祭祀诸山神的仪式为：用一只雄鸡作为毛物，将它埋入地下作为祭品，祭祀的玉器是一块珪，以去皮后的黍、稷、稻、粱、麦作为祭祀时的精米。

原典 《山海经·中山经》凡荆山之首，自翼望之山至于几山，凡四十八山，三千七百三十二里。其神状皆彘身人首。其祠：毛用一雄鸡祈瘗，婴用一珪，糈用五种之精。

典故 《子不语》中有人面猪的故事，说的是云栖放生的地方有头人面猪，平湖张九丹先生亲见过。猪羞于见人，总是低着头，拉起它才得见真容。

鸟身龙首神

niǎo
shēn
lóng
shǒu
shén

简介 鸟身龙首神又称鹊神，是洞庭山山系的山神，共有十五位，他们是鸟身龙首。

原典 《山海经·中山经》凡洞庭山之首，自篇遇之山至于荣余之山，凡十五山，二千八百里。其神状皆鸟身而龙首。其祠：毛用一雄鸡、一牝豚刉，糈用稌。

二八神

èr bā shén

简介 原典 典故

二八神即夜游神、主夜之神，传说有十六人。他们长着小小的脸颊和红色的肩膀，两条手臂相连，在野外为天帝守夜。他们居住在羽民国的东边。

《山海经·海外南经》有神人二八，连臂，为帝司夜于此野。在羽民东。其为人小颊赤肩。

《阅微草堂笔记》有这样一个故事：姚安公曾在舅父陈德音家读书。一天早起，人声沸腾。有人说，有个叫张珉的长工，昨夜在村外看守瓜田，今早已昏迷不醒。经过千方百计地救治，晚上才苏醒。长工说："二更后，我远远看见树林外有火光，离我越来越近。等我到了瓜园，才发现是一个巨人，有十多丈高，他手提灯笼，如同一间屋那么大。它站在窝棚前，俯视了好久。我惊恐万分，当时便昏了过去，也不知道它是什么时候离开的。"有人说是魈魅，有人说是主夜之神，一时难以定论。但纪晓岚认为主夜之神不应当一反常态，现出凶恶之怪相来吓唬人，所以长工见到的应该是魈魅。

第一章

乙

幸运图鉴

047

祝 zhù

融 róng

简介　祝融号赤帝，是中国古代神话中的火神、南方神、南岳神、南海神、夏神、灶神，也是五行神之一。祝融长着兽身人面，架乘着两条龙。

原典　《山海经·海外南经》南方祝融，兽身人面，乘两龙。

典故　传说，水神共工曾与祝融交战，结果以水神失败告终。失败的共工大怒，于是头撞不周山，导致天倾，洪水泛滥。后来才有了"女娲补天"的传说。

048

烛阴 zhú yīn

简介　烛阴又名烛龙，是古代神话传说中的钟山之神。烛阴长着人面蛇身，无足，口中衔烛，全身为赤红色，身长若千里之长。

原典　《山海经·海外北经》钟山之神，名曰烛阴，视为昼，瞑为夜，吹为冬，呼为夏。不饮，不食，不息，息为风，身长千里。在无启之东。其为物，人面蛇身，赤色，居钟山下。

典故　《广博物志》卷九引《五运历年纪》："盘古之君，龙首蛇身，嘘为风雨，吹为雷电，开目为昼，闭目为夜。"
从这点来看，烛阴的形貌和神通跟盘古类似。因此，袁珂先生认为烛阴或许就是早期传说中的盘古。
烛阴也叫烛龙，《洞冥记》中记载了一个关于烛龙的故事：天汉二年，武帝登上苍龙阁，希望了解一些神仙之术。他招来各位方士，谈论遥远的他国异乡之事。东方朔走下座席，提笔奏明武帝："臣游览北方的天边，到了种火之山，那是日月所照不到的地方。那里有一条青龙，口里含着烛火，照亮了山的四方极远处。"

蚕神

cán

shén

| 简介 | 欧丝女是蚕神的雏形，她跪着倚靠在欧丝之野的桑树上吐丝。 |

| 原典 | 《山海经·海外北经》欧丝之野在反踵东，一女子跪据树欧丝。 |

| 典故 | 传说，黄帝在打败蚩尤后大摆庆功宴。宴席间，天上突然飘然下来一位披着马皮的女神。她手里握着两捆细丝，自称是蚕神，特地赶来把精美的蚕丝献给黄帝。
蚕神说她住在北方的荒野，那里有三棵高达百仞的大桑树。她以桑叶为食，然后就能从嘴里吐出闪光的丝，用这些丝就能织成美丽的丝绸。黄帝听了大为赞赏，让蚕神教妇女缫丝纺绸。黄帝的妻子嫘祖也开始亲自培育幼蚕，并在百姓中推广这种技术。从此，中华大地就有了美丽的丝织品，中国也就成了丝绸的故乡。 |

050

禺彊

yú

qiáng

简介
禺彊也叫禺强、禺京，
是中国古代传说中的水神、
北海海神、北风风神，掌管冬季，
是黄帝之孙。他长着人面鸟身，
用两条青蛇做耳饰，脚底下还踩着两条青蛇。

原典
《山海经·海外北经》北方禺彊，
人面鸟身，珥两青蛇，践两青蛇。

典故
传说禺彊有两种形象：当他是风神的时候，他就是鸟的身子，脚踩两条青蛇，生
出寒冷的风；是北海海神的时候，则是鱼的身子，但也有手有足，驾驭两条龙。
《列子·汤问》中记载了这样一则故事：渤海之东方有五座仙岛。这些海岛上住
着的都是神仙，神仙们常在海岛间飞来飞去。但海岛常随波浪沉浮漂流，天帝
怕海岛漂流到西方极远的地方，众仙就没有住的地方了，于是便让海神禺彊去
想办法。禺彊就派来十五只巨鳌，托举顶负着海岛不使它们漂流。巨鳌们还分
成三拨，每6万年一换班，真是顶天立地，神奇之极。

051

天 tiān 吴 wú

简介 朝阳谷居住着水伯天吴。朝阳谷在虹虹北边的两条水流中间。这位神仙形状与野兽相似，长着八个脑袋，脸与人的脸相似，有八条腿、八条尾巴，全身皆呈青黄色。

原典 《山海经·海外东经》朝阳之谷，神曰天吴，是为水伯。在蚩蚩北两水间。其为兽也，八首人面，八足八尾，皆青黄。

典故 在秦腔皮影戏《永乐王还愿》中，龟蛇二将曾下界作乱，张天师请天吴降服二怪。天吴左手提龟，右手提蛇，回归天庭。

竖 亥

shù

hài

简介　竖亥是传说中善走的神仙。

原典　《山海经·海外东经》帝命竖亥步，自东极至于西极，五亿十选九千八百步。竖亥右手把算，左手指青丘北。一曰禹令竖亥。一曰五亿十万九千八百步。

典故　竖亥善走，天帝认为让他去测量大地再合适不过了，因此命令竖亥以脚步测量大地的长度，竖亥从最东端走到最西端，共走了五亿十万九千八百步。

句芒

gōu

máng

简介 句芒是中国古代民间神话中的木神、春神、东方之神，长着鸟身人面，驾乘着两条龙。句芒主管树木的发芽生长，忠心耿耿地辅佐少昊。太阳每天早上从扶桑上升起，神树扶桑归句芒管，太阳升起的那片地方也归句芒管。

原典 《山海经·海外东经》东方句芒，鸟身人面，乘两龙。

典故 传说，有一年秦穆公在庙里祭祀，突然看到一个怪人走了进来，这个怪人长着鸟的身子，穿着白色的衣服，脸是正方形。秦穆公很害怕，急忙想走。这个人说："别怕，天帝看到你的明德，让我赐给你寿十年，使你的国家繁荣昌盛，子孙兴旺，不要丢失这样的机会啊。"秦穆公行两次稽首礼，说："敢问神的名字？"神说："我是句芒。"

054

舜

shùn

简介
传说中父系氏族社会后期部落联盟领袖。姚姓，一作妫姓，号有虞氏，名重华，史称"虞舜"，"三皇五帝"之一。舜为东夷族群的代表。生而重瞳，孝顺友爱，善于制陶。建立有虞国。

原典
《山海经·海内南经》苍梧之山，帝舜葬于阳，帝丹朱葬于阴。

典故
据《史记·五帝本纪》记载，舜的名字是重华，重华字都君，舜则是他的谥号。华与都，都是美盛之义，所以他去世之后，人们给他起谥号曰舜，如舜英之美盛。

第一章

幸运图鉴

五三

055

孟涂

mèng

tú

简介

夏朝国君启的臣子中有一个叫孟涂的，他在巴地主管诉讼。

原典

《山海经·海内南经》夏后启之臣曰孟涂，是司神于巴。巴人请讼于孟涂之所，其衣有血者乃执之，是请生。居山上，在丹山西。

典故

在古代，"神"有时候也是一种诸侯的名号。《竹书纪年》记载，夏启八年，帝启派遣孟涂到"巴"这个地方来主管民间诉讼。据说，有人到孟涂那里去请他审理案件，他认为理屈的人其衣上必有血迹，所以看见衣服上有血的人便捆绑起来，加以惩处。

056

后稷

hòu

jì

简介 后稷名弃，因培植了稷，而被人们尊称为后稷，成为农神。

原典 《山海经·海内西经》后稷之葬，山水环之。在氐国西。

典故 传说，后稷用木头和石块发明制造了简单的农具，教导人们耕田种地。人们原本靠着打猎和采集野果生活，有时免不了要挨饿。自从跟着后稷学会了耕种，日子便比以前过得好了。渐渐大家都信服了后稷在农业上的成就，于是耕地种田——这件新鲜有意义的劳动，就首先在后稷母亲的家乡有邰流传开来，后来更流传到全国各地。
国君帝尧知道了后稷的事迹，就聘请他来掌管农业，指导百姓耕作。后来帝尧的继承者帝舜为了表彰后稷的功绩，还把有邰这个地方封给了他。这里就是周朝兴起的地方，后稷就是周人的祖先。

057

羿

yì

简介	羿一般指后羿。传说后羿曾经登上昆仑山，向西王母求得了长生不老药。
原典	《山海经·海内西经》在八隅之岩，赤水之际，非仁羿莫能上冈之岩。
典故	尧统治时期，有十个太阳一同出来。灼热的阳光晒焦了庄稼，花草树木干死，老百姓连吃的东西都没有。凿齿、九婴、大风、封豨、修蛇等怪兽也来祸害人间。当时在位的尧，只能向天帝祷告。于是天帝便派后羿去为民除害。后羿射掉了九个太阳，只留下一个正常运行，为人间送去光明。他又去四面八方除掉了为祸人间的怪兽。

吉量

jí

liàng

| 简介 | 犬封国有一种带有斑纹的马，全身呈白色，有红色的鬃毛，它的眼睛像黄金一样闪闪发光，这种马名叫吉量，人只要骑过它就能寿达千岁。 |

| 原典 | 《山海经·海内北经》有文马，缟身朱鬣，目若黄金，名曰吉量，乘之寿千岁。 |

| 典故 | 吉量又称吉光。
《海内十洲记》记载，天汉三年，汉武帝到北海祭祀恒山。四月，西国王的使者到达京城，进献了一件吉光裘，汉武帝接受了，但并没有重视，只是将裘衣放入了仓库。吉光其实是一种神马，其皮毛做成的裘衣是黄色的，入水几天不沉，入火不焦。汉武帝后来才明白这件裘衣的妙处，这才重谢使者并将他遣送回去。 |

059

驺吾
zōu

wú

简介 驺吾是林氏国特有的一种
珍奇的野兽，它有老虎那么大，身上五彩斑斓，
尾巴比身子还长，骑上它就能日行千里。

原典 《山海经·海内北经》林氏国有珍兽，
大若虎，五采毕具，尾长于身，名曰驺吾，乘之日行千里。

典故 驺吾是一种仁德忠义之兽，外猛而威内。据说它从不践踏正在生长的
青草，而且只吃自然老死的动物的肉，非常仁义。同时驺吾还是一种
祥瑞之兽，当君王圣明仁义时，驺吾就会出现。
驺吾像白虎，长着黑色纹理，尾巴比身体还长，有志信之德，不食人。

060

五采鸟

wǔ
cǎi
niǎo

简介	五采鸟和凤凰一样，是祥瑞之鸟。这些鸟是帝俊在下界的朋友。帝俊在下界的两个神坛，就是由五彩鸟掌管的。
原典	《山海经·大荒东经》有五采之鸟，相乡弃沙。惟帝俊下友。帝下两坛，采鸟是司。

第一章　幸运图鉴

延维

yán

wéi

简介

延维又叫委蛇、委维，
或委神，是水泽之神。

原典

《山海经·海内经》有神焉，人首
蛇身，长如辕，左右有首，衣紫
衣，冠旃冠，名曰延维，人主得
而飨食之，伯天下。

典故

春秋时代，齐国国君齐桓公
有一次外出打猎，齐相管仲亲自
为其驾车。突然间，桓公看见了一个鬼。
他惊魂未定地问："仲父你看到什么了吗？"
管仲答道："我什么也没有看到。"桓公吓得丢魂失魄，回宫以后就病倒了。
这时，皇子告敖主动求见桓公，对他说："这是您自己的心病，鬼怎么能伤害
得了您呢？"齐桓公不禁半信半疑地问道："那么，到底世间有没有鬼呢？"皇
子告敖肯定地回答："确实也有鬼，山上有夔，原野中有彷徨，水泽中有委蛇。
您在水泽狩猎，看到的自然是委蛇。"
桓公就问："委蛇什么样？"皇子说："委蛇穿紫色衣服，戴红色冠冕。他不喜
欢听雷声车响，往往支撑着脑袋站立着。谁看见他谁就能称霸天下，所以他
不是一般人所能见到的。"听到这里，桓公精神振奋，大笑着说："这就是我所
看到的！"当天，他的病就好了。后来齐桓公果然称霸，成为春秋五霸之首。

062

狂鸟

kuáng

niǎo

简介 狂鸟身上五彩斑斓，头上有冠，它是凤凰一类的吉祥之鸟。

原典 《山海经·大荒西经》有五采之鸟，有冠，名曰狂鸟。

典故 《尔雅·释鸟》曰："狂，梦鸟。"袁珂注："按狂即皇，梦即凤，皆音之转。"所以，根据这点来看，狂鸟就是凤凰一类的鸟。

守护图鉴

古代生产力低，若遇天灾，人们便可能失去赖以生存的家园，于是人们便把希望寄托于守护神兽，祈求它们保佑百姓风调雨顺、收获好的生活。在《山海经》中，便记载了很多守护神兽，这些神兽通常具有超凡的力量和智慧，被认为是神灵的化身。

鹿蜀 lù shǔ

简介 鹿蜀是居住在杻阳山的一种兽，外形如马，头为白色，身上有老虎一样的花纹，而且还有红色的尾巴。它的声音如同人在吟唱，佩戴它的皮毛能福延子孙。

原典 《山海经·南山经》有兽焉，其状如马而白首，其文如虎而赤尾，其音如谣，其名曰鹿蜀，佩之宜子孙。

典故 明代白话历史神怪小说《有夏志传》中有关大禹治水的一节提道：大禹一行人进入杻阳山，好似听见有樵夫在荒无人烟的山里唱歌。大禹说："此鹿蜀兽也。"《禽虫典》上也有一则关于鹿蜀的记载，传说明代崇祯年间，鹿蜀在闽南地区出现过，当时浙江嘉兴崇德人吴尔塈还为此做了一首诗，可惜这首诗并没有流传下来。

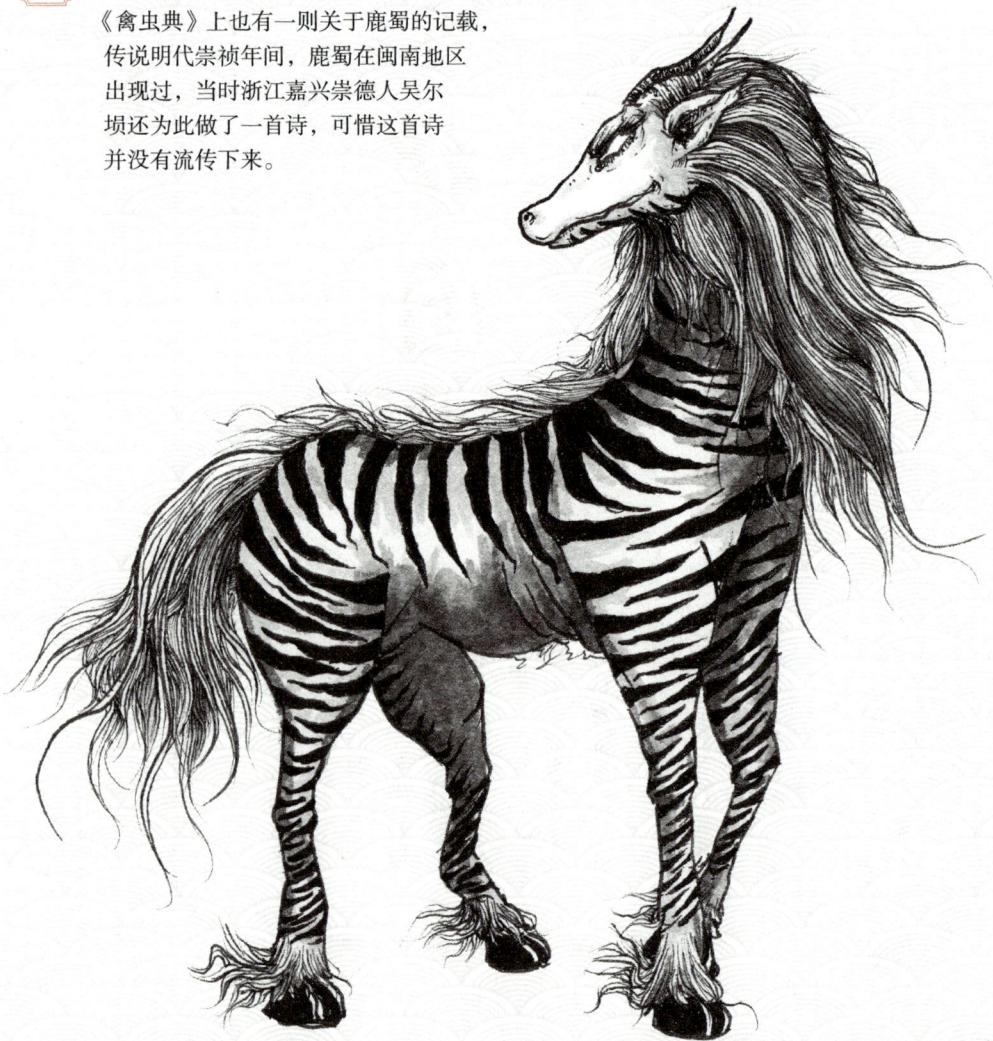

064

旋 xuán

龟 guī

第二章

守护图鉴

简介 旋龟是一种黑色的龟，脑袋像鸟，尾巴与蛇的尾巴相似。它发出的声音就像劈木头的声音一样，佩戴它可以防止耳聋，还能医治脚底的老茧。

原典 《山海经·南山经》其中多玄龟，其状如龟而鸟首虺尾，其名曰旋龟，其音如判木，佩之不聋，可以为底。

典故 《拾遗记》中有玄龟帮助大禹治水的故事：大禹治水，努力疏导沟渠，开道合川，平移山岳。有一条黄龙摇曳着尾巴走在最前开路，有一只玄龟与龙同行，龟背上则驮着青泥，传说这种泥是天上的神物息壤。遇到洪水泛滥的地方，禹就顺手取龟背上一小块儿青泥投去，马上就会长成一座山或一道堤坝。就这样，他们很快就把泛滥了多年的洪水治理好了。

六五

灌灌

guàn

guàn

简介 一种外形像斑鸠的鸟，这种鸟啼叫的声音如同人在互相斥骂，而且把它的羽毛插在身上就不会被迷惑。

原典 《山海经·南山经》有鸟焉，其状如鸠，其音若呵，名曰灌灌，佩之不惑。

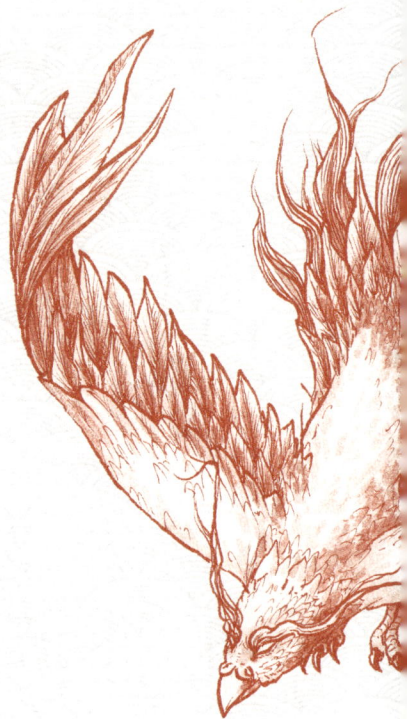

简介 钱来山有一种兽，名叫羬羊。它的外形像羊，却长着马一样的尾巴，它的油脂可用来治疗皮肤干裂。

原典 《山海经·西山经》有兽焉，其状如羊而马尾，名曰羬羊，其脂可以已腊。

066

羬羊

qián

yáng

067

橐
茷

tuó

féi

简介	橐茷的样子像猫头鹰，有人的面孔，一只脚。这种鸟冬天出没，夏天蛰睡，披上它的羽毛就不怕打雷。
原典	《山海经·西山经》有鸟焉，其状如枭，人面而一足，曰橐茷，冬见夏蛰，服之不畏雷。
典故	传说南朝陈快要灭亡的时候，有一群一足鸟聚集在宫殿中，纷纷用鸟喙写出救国之策，据说这些一足鸟就是橐茷。

068

鸱
mín

一种外形像翠鸟却长
着红嘴巴的鸟。饲养
这种鸟可以辟火。

《山海经·西山经》其
鸟多鸱，其状如翠而
赤喙，可以御火。

豀边

xī

biān

简介	豀边住在天帝山中，它的样子像狗，会爬树。据说用它的皮毛做成褥子，睡在上面的人可以不被蛊毒邪气所侵。
原典	《山海经·西山经》有兽焉，其状如狗，名曰豀边，席其皮者不蛊。

070

鸓鸟

lěi

niǎo

简介	鸓鸟长得像连体人，赤黑而两首四足，状似喜鹊。人养着它可以御火，它就是双头四脚的辟火异兽。
原典	《山海经·西山经》其鸟多鸓，其状如鹊，赤黑而两首、四足，可以御火。
典故	传说翠山有一次突起大火，无法控制，忽然鸓鸟翩然落下，火焰竟渐渐地熄灭了。因此古人认为饲养鸓鸟和饲养鸱鸟、赤鷩一样，可以起到避火的作用。

葆江

bǎo

jiāng

简介　葆江是传说中负责看守不死药的神灵，被鼓杀死在昆仑山之南。

原典　《山海经·西山经》其子曰鼓，其状人面而龙身，是与钦䲹杀葆江于昆仑之阳。

长乘

cháng

chéng

简介

长乘看起来像人，却长着狗的尾巴，掌管赢母山。

原典

《山海经·西山经》西水行四百里，流沙二百里，至于赢母之山，神长乘司之，是天之九德也。其神状如人而狗尾。

典故

长乘是九德之气汇聚所生，具有无边的神力。九德就是忠、信、敬、刚、柔、和、固、贞、顺九种优良的品格。天帝曾赐给长乘很高的官位，但他淡泊名利，只希望自己能体察人间疾苦，踏踏实实为百姓多赐一些福气。于是，长乘向天帝请求做了赢母山的山神。山神长乘文质彬彬、谦逊有礼，前来赢母山拜见他的人络绎不绝。长乘会善待每一个有求于他的人，认真地倾听对方遇到的难处，然后恰当地赐福给人们。

073

毕方

bì

fāng

简介 毕方形似鹤，独足，白嘴，蓝身，并带红斑。当它发出"毕方、毕方"的叫声飞过来时，村里就会发生妖火，它是具备灭火能力的妖怪。

原典 《山海经·西山经》有鸟焉，其状如鹤，一足，赤文青质而白喙，名曰毕方，其鸣自叫也，见则其邑有讹火。

典故 传说远古时期，毕方是天帝身边的童子，他不忍心人类因没有火而灭亡，趁天帝睡觉的时候，把火种偷了出来，悄悄地带到人间。毕方在一棵树下遇到一个快要冻死的年轻人，他用火温暖年轻人的心，让他恢复了生机与力气。毕方担心天帝醒后会追来，就将火种交给被他救活的年轻人，叮嘱他要把这火与热传遍大地，让天下所有的人不再害怕寒冷，不再有人被冻死。从此，人类开创了崭新的文明世界，而毕方也成了衔火的鸟，人间处处都有它的身影。

天狗

tiān

gǒu

简介

天狗样子像野猫，脑袋是白色的，它的叫声就像是在叫"猫猫"，把它饲养在身边可以防避凶邪之气。

原典

《山海经·西山经》有兽焉，其状如狸而白首，名曰天狗，其音如猫猫，可以御凶。

典故

传说后羿为民除害射落了九个太阳后，得到了王母娘娘奖赏的灵药。谁知，灵药被嫦娥偷吃后独自升天。
门外的猎犬黑耳吠叫着扑进屋内，把剩下的灵药舔尽。嫦娥听见黑耳的叫声，慌忙闯进月亮里。而黑耳毛发直竖，身体不断变大，一下子扑上去，把嫦娥连月亮吞下。玉帝及王母娘娘下令天兵去捉拿。当黑狗被捉来后，王母娘娘认出这是后羿的猎犬，便封之为天狗，守护南天门。黑耳受到恩封，便吐出了月亮和嫦娥。

| 简介 | 中曲山中有种野兽，它的外形如同普通的马，却有白色的身子和黑色的尾巴，长有一只角，有老虎的牙齿和爪子，发出的声音如同击鼓的响声，名叫驳，以吃虎豹为生，把它饲养在身边可以用来抵御兵灾。 |

| 原典 | 《山海经·西山经》有兽焉，其状如马，而白身黑尾，一角，虎牙爪，音如鼓，其名曰驳，是食虎豹，可以御兵。 |

| 典故 | 一次，齐桓公骑马出游，路上的一只老虎远远地望见他，便急忙趴在地上。齐桓公出游归来，问管仲道："今天我骑马出游，路上的老虎望见我，吓得趴在地下不敢动，这是为什么呢？"管仲听了，问道："今天您一定是骑着一匹青白杂色的骏马，迎着太阳奔跑的吧？"齐桓公回答道："对！"管仲解释道："这匹骏马在阳光下奔跑的样子很像一种叫驳的动物。驳能吃虎和豹子，所以老虎害怕了。" |

075

驳 bó

076

孰湖

shú

hú

简介	孰湖是崦嵫山中的一种野兽，马身鸟翼，人面蛇尾，喜欢将人举起来。
原典	《山海经·西山经》有兽焉，其状马身而鸟翼，人面蛇尾，是好举人，名曰孰湖。
典故	《山海经·西山经》中第四系列山上大部分的神兽都对所在的山起到了保护作用，所以猜测孰湖应该是西经第四系列山上某个部落的"山神"，或者是图腾崇拜的对象角色。

臌疏

huān

shū

| 简介 | 臌疏的样子像马，头上长着一只角，角如磨刀石般坚硬，人们可以养它来防御火灾。 |

| 原典 | 《山海经·北山经》有兽焉，其状如马，一角有错，其名曰臌疏，可以辟火。 |

| 典故 | 在中国神话中，独角马形神兽被称为龙马，它是一种吉祥之物，只有在履行重要使命时才出现。它的出现被人们视为美好时代的象征。传说大约五千年前第一只龙马出现，并将文字传授于伏羲皇帝。公元前2697年，另一只龙马出现在黄帝的花园。这一吉兆被视为黄帝之统治将千秋万代，和平繁荣。尧帝统治时期也出现过两只龙马，因此，尧帝便成为四千年前五帝之一。 |

第二章

守护图鉴

孟槐

mèng

huái

简介

原典

典故

孟槐外形似豪猪，全身长有红色的毛，发出的声音如同辘轳抽水，传说把它饲养在身边可以躲避凶邪。

《山海经·北山经》有兽焉，其状如貆而赤毫，其音如榴榴，名曰孟槐，可以御凶。

传说孟槐可以御凶，也有说孟槐非常厌恶人类。孟槐形似豪猪，长在深山老林，喜欢破坏庄稼，常常遭到人们的围追堵截。它的刺是致命的武器，如果被刺进了皮肤，不仅难拔掉，还可能引起伤口感染，给伤者带来巨大的痛苦，甚至导致死亡。所以孟槐即便是可以辟邪的瑞兽，也没能在传说中留下美名。

简介 寓鸟的形状与老鼠相似，长着鸟一样的翅膀，发出的声音像羊的叫声，人们可用它来防御兵器的伤害。

原典 《山海经·北山经》其鸟多寓，状如鼠而鸟翼，其音如羊，可以御兵。

典故 据说，寓鸟可以预报兵情，人饲养它可以防止兵戈之灾。在汉代的帛画、石刻等文物中，寓鸟的形象屡见不鲜。郝懿行在《山海经笺疏》中写道："此经寓鸟，盖蝙蝠之类，唯蝙蝠肉翅为异。"依此推测，寓鸟便是蝙蝠。因为蝙蝠的"蝠"谐音"福"，寓意美好，所以中国自古以来就将其作为吉祥的象征。在明清时期，人们吃穿用行的各类器具、衣物都喜欢用蝙蝠纹。

079

寓 yù

080

鹡
bēn

鹡形体像喜鹊，长着白色的身体、红色的尾巴和六只脚，这种鸟十分警敏。

《山海经·北山经》有鸟焉，其状如鹊，白身、赤尾、六足，其名曰鹡，是善惊，其鸣自诩。

人们猜想鹡可能是喜鹊。喜鹊能报喜，民间也有这样一个故事：贞观末期有个叫黎景逸的人，家门前的树上有个鹊巢，他常喂食巢里的鹊儿，时间一长，人鸟有了感情。
后来黎景逸被冤枉入狱，令他倍感痛苦。突然一天他喂食的那只鸟停在狱窗前欢叫不停。他暗自想大约有好消息要来了。果然，三天后他被无罪释放。其实是喜鹊变成人，假传了圣旨。

081

精 jīng
卫 wèi

简介 精卫是中国上古时代传说中的
一只神鸟，原是炎帝之小女——女娃。
一日女娃在东海溺水而死，死后化身为鸟。

原典 《山海经·北山经》又北二百里，曰发鸠之山。其上多柘木。有鸟焉，其状
如乌，文首、白喙、赤足，名曰精卫，其鸣自詨。是炎帝之少女，名曰女
娃。女娃游于东海，溺而不返，故为精卫。常衔西山之木石，以堙于东海。

典故 神农炎帝有个女儿叫"女娃"。炎帝每天到东海去指挥太阳升起，一直到太
阳落山才回家。女娃很想去看看东海以外太阳升起的地方——"归墟"。
有一次，她跳到东海里向归墟游去，越游越远。不料，一阵风浪袭来，把
女娃吞没了。女娃沉入了东海，再也没有回来。
可是，女娃的精魂没有死，她化作小鸟，头上的野花化作脑门的花纹，脚
上的小红鞋变成了红爪，她发誓要填没东海！
精卫和海燕结成配偶，繁衍后代，让自己的精神世代代流传下去，以继
续填海的事业，直到把大海填平为止。

082

朏朏 _{fěi} _{fěi}

简介 朏朏的形状似山猫，
长着白色尾巴，颈部长有长毛。
人们饲养它可以治疗忧愁。

原典 《山海经·中山经》有兽焉，
其状如狸，而白尾有鬣，
名曰朏朏，养之可以已忧。

典故 《麟书》曰："安得朏朏之与游，
而释我之忧也哉。"可见与朏朏
同行就可释怀心中的忧愁。

兽身人面神

shòu

shēn

rén

miàn

shén

| 简介 | 东方第二列山系一共十七座山的山神，都长着野兽的身子，人的面孔，头上还戴着麋鹿角。 |

| 原典 | 《山海经·东山经》凡东次二经之首，自空桑之山至于硬山，凡十七山，六千六百四十里。其神状皆兽身人面载觡。其祠：毛用一鸡祈，婴用一璧瘗。 |

窃脂

qiè

zhī

简介 窃脂形状与猫头鹰相似，身子是红色的，脑袋是白色的。把窃脂养在身边可以防御火灾。

原典 《山海经·中山经》有鸟焉，状如鸮而赤身白首，其名曰窃脂，可以御火。

典故 郭璞曾推测窃脂就是青雀，这种鸟喜欢偷肥肉，所以叫作窃脂。《尔雅》中也有类似记载。

085

青耕

qīng
gēng

简介 青耕形状与喜鹊相似，身子是青色的，长着白色的嘴、白色的眼睛和白色的尾巴。把它饲养在身边可以抵御瘟疫，它的叫声象是在喊自己的名字。

原典 《山海经·中山经》有鸟焉，其状如鹊，青身白喙，白目白尾，名曰青耕，可以御疫，其鸣自叫。

086

鴖鵌

zhǐ
tú

简介 鴖鵌的形状与乌鸦相似，长着红色的脚。把它养在身边可以防御火灾。

原典 《山海经·中山经》有鸟焉，其状如乌而赤足，名曰鴖鵌，可以御火。

于儿

yú

ér

简介

原典

典故

于儿居住在夫夫山，这位神长着人一样的身子，手里握着两条蛇，常常在长江的深潭里巡游，出入时身上发出闪闪的光亮。

《山海经·中山经》神于儿居之，其状人身而身操两蛇，常游于江渊，出入有光。

传说于儿就是操蛇之神，他听说愚公要世世代代矢志不移地移走太行山、王屋山时，就去禀告了天帝。天帝为愚公的诚意所感动，就派了夸娥氏的两个儿子去背走了那两座大山，一座山放在朔东，一座山放到雍南。

蚔

guǐ

简介

原典

蚔的形状与龟相似，长着白色的身子、红色的脑袋。饲养这种怪兽可以防火。

《山海经·中山经》有兽焉，其状如龟，而白身赤首，名曰蚔，是可以御火。

乘黄

chéng

huáng

简介

乘黄是白民国的一种兽，它的形状与狐相似，背上长着角。人若骑在它的身上，就能活两千岁。

原典

《山海经·海外西经》有乘黄，
其状如狐，其背上有角，乘之寿二千岁。

典故

乘黄，也叫腾黄。传说黄帝就是在乘坐乘黄之后才飞升成仙的。《云笈七签》就记载了黄帝与乘黄的故事：
黄帝时期有一种叫腾黄的神兽，这种神兽通体黄色，形状像狐狸，脊背上有两只角，还有龙的翅膀，能活两千岁。每天可行万里，骑上它能使人活二千岁。黄帝曾得到并乘骑着它，行走于天下间，所谓乘八翼之龙巡游天下，所以黄帝四处迁徙。

090

开明兽

kāi

míng

shòu

简介 开明兽是传说中昆仑山上黄帝帝都的守卫者。开明兽身形跟老虎一般庞大，长着九个脑袋，长着人一样的脸。

原典 《山海经·海内西经》开明兽身大类虎而九首，皆人面，东向立昆仑上。

典故 《山海经图赞》记载，开明天兽禀兹金精；老虎的身子人的面孔，长得非常凶恶，瞪着眼睛守看昆仑，威震百灵。

091

冰夷

bīng

yí

| 简介 | 冰夷又名冯夷、无夷，中国古代神话中的黄河水神，亦有说法认为是河川之神的通称。冰夷长着人一样的脸，驾乘着两条龙。 |

| 原典 | 《山海经·海内北经》从极之渊，深三百仞，维冰夷恒都焉。冰夷人面，乘两龙。一曰忠极之渊。 |

| 典故 | 据说冯夷是华阴潼乡人，因渡河被淹死，天帝封其为水神，变成了黄河河伯。曾化作白龙，游戏于水上，被羿射瞎左眼。又曾授夏禹治水地图。 |

092

登比氏

dēng
bǐ
shì

093

宵明

xiāo

míng

山海经

神怪大全

094

烛光

zhú

guāng

简介 登比氏也叫登北氏，是帝舜的妻子。她生了宵明、烛光两个女儿，这两个女儿发出的光能照亮方圆百里的地方。

原典 《山海经·海内北经》舜妻登比氏生宵明、烛光，处河大泽，二女之灵能照此所方百里。一曰登北氏。

典故 传说帝舜的第三个妻子登比氏夜里在睡梦中升到天上，天上没有太阳却有光明，光芒射目，非常刺目。惊醒后发现那是蜡烛。然后她生下双胞胎女儿，起名叫宵明、烛光。

雷神

léi

shén

简介 雷神长着龙一样的身子、人一样的脑袋，住在雷泽中。据说，雷神只要拍一下自己的腹部，就会发出打雷声。

原典 《山海经·海内东经》雷泽中有雷神，龙身而人头，鼓其腹。在吴西。

典故 华胥国有个叫"华胥氏"的姑娘，一天去雷泽游玩忽然看见一个巨大的脚印。她不知这个脚印就是雷泽中雷神留下的。她用自己的脚踩了一下，觉得肚子有些不适，就有了身孕，这一孕就是十二年，后生下一个儿子。这个儿子竟是一个怪胎，有蛇的身体人的脑袋，华胥氏给他取名伏羲。

颛顼与四蛇

zhuān
xū
yū
sì
shé

简介 颛顼姬姓，高阳氏，黄帝之孙，昌意之子。上古部落联盟首领，"五帝"之一。颛顼死后葬于鲋鱼之山，四蛇负责守卫他的陵墓。

原典 《山海经·海内东经》汉水出鲋鱼之山，帝颛顼葬于阳，九嫔葬于阴，四蛇卫之。

典故 《搜神记》记载，旧时颛顼氏有三个子嗣，死后成疫鬼：一居江水为疟鬼，一居若水为魍魉鬼，一居人宫室善惊人小儿，为小儿鬼。

羲和

xī

hé

简介　羲和是帝俊的妻子，她生了十个太阳。

原典　《山海经·大荒南经》有女子名曰羲和，方浴日于甘渊。羲和者，帝俊之妻，是生十日。

典故　羲和为日母，跟十个太阳一起居住在甘渊，她常常在甘渊中给太阳沐浴。边上有一棵扶桑神树，树高数千丈，是十个太阳睡觉的地方；其中九个太阳住在下面的枝条上，一个太阳住在上面的枝条上，兄弟十个轮流出现在天空，一个回来了，另一个才去照耀人间，每天出行都由羲和驾着车子接送。所以虽然太阳有十个，可是人们平时见到的却只有一个。后来，这十个太阳不遵守规矩，一起飞出去，搅得人间大乱，才有了后羿射日的故事。

099

黄帝

huáng

dì

简介 少典之子，本姓公孙，长居姬水，因改姓姬，居轩辕之丘（在今河南新郑西北），故号"轩辕氏"，出生、创业和建都于有熊（今河南新郑），又称"有熊氏"，因有土德之瑞，故号"黄帝"。

原典 《山海经·大荒北经》黄帝乃取山之玉荣，而投之钟山之阳。

晏龙

yàn

lóng

简介 晏龙是古代传说中的乐神，帝俊之子，曾制作琴和瑟两种乐器。

原典 《山海经·海内经》帝俊生晏龙，晏龙是始为琴瑟。

典故 《古琴疏》中说，晏龙有六张良琴：菌首、义辅、蓬明、白民、简开、垂漆。这虽是后人增饰之说，但从中也可以看出晏龙与音乐的密切关系。

帝俊

dì

jùn

简介	帝俊又作"帝夋"， 华夏神话中的上古天帝。
原典	《山海经·大荒东经》有黑齿之国。 帝俊生黑齿，姜姓，黍食，使四鸟。
典故	有关帝俊的神话相当零碎，集中在《山海经》中，其他书籍并无所见。帝俊有三个妻子，一个名叫羲和，住在东方海外的甘渊，生了十个太阳；另一个名叫常羲，住在西方荒野，生了十二个月亮；还有一个名叫娥皇，住在南方荒野，生了三身国的先祖，这位先祖一个头三条身子，传下来的子孙也都是这般模样。帝俊时常从天上降下来，和下方一些面对面舞蹈的五彩鸟交朋友；下方帝俊的两座祠坛，就是由这些五彩鸟管理的。在北方的荒野，有一座帝俊的竹林，斩下竹的一节，剖开来就可以做船。尧的时候，十日并出，帝俊曾经赐给羿红色的弓，白色的箭，叫他到下方去拯救人民的困苦。

折丹

zhé
dān

简介 | 折丹主管东风起停的神。东方的人称他为折，从东方吹过来的风称为俊风。

原典 | 《山海经·大荒东经》名曰折丹——东方曰折，来风曰俊——处东极以出入风。

山海经

神怪大全

103

应 yīng
龙 lóng

简介 应龙是黄帝时期的神龙，还曾帮助大禹治水。应龙又是龙中的最神异者，蛟千年化为龙，龙五百年化为角龙，角龙再过千年才能化为应龙。

原典 《山海经·大荒东经》大荒东北隅中，有山名曰凶犁土丘。应龙处南极，杀蚩尤与夸父，不得复上。故下数旱。旱而为应龙之状，乃得大雨。

典故 应龙杀了蚩尤和夸父，再也不能回到天界，天上没有了应龙行云布雨，所以下界多次发生旱灾。于是人们在大旱时便模仿应龙的样子求雨。相传殷初商汤看到肥遗，结果招致长达七年的旱灾，后来商汤便模仿应龙的样子做了一条土龙来求雨，过不多时，天空果然阴云密布，霎时间便大雨滂沱，从而结束了七年之旱。

夔

<ruby>夔<rt>kuí</rt></ruby>

<ruby>牛<rt>niú</rt></ruby>

简介 夔牛形状与牛相似，长着苍色的身子，头上没有角，只有一条腿。它出入水中时，一定会有风雨相伴。这种兽发出的光像日月一般明亮，它发出的声音像是打雷声。

原典 《山海经·大荒东经》其上有兽，状如牛，苍身而无角，一足，出入水则必风雨，其光如日月，其声如雷，其名曰夔。黄帝得之，以其皮为鼓，橛以雷兽之骨，声闻五百里，以威天下。

典故 相传黄帝与蚩尤在逐鹿大战时，玄女为黄帝制作了八十面夔牛鼓，每面鼓声震五百里；八十面鼓齐响，声震数千里，威风至极。当时蚩尤铜头铁额，能吃石头；飞空走险，无往不利。黄帝用夔牛鼓连击九下，蚩尤竟然被震慑住，再也不能飞走，最终被黄帝捉住杀死。

105

因因乎

yīn

yīn

hū

简介

因因乎是大地最南端掌管风的神，南方称他为因乎，从南方吹来的风被叫作民。

原典

《山海经·大荒南经》有神名曰因因乎——南方曰因乎，来风曰乎民——处南极以出入风。

女娲之肠

简介	女娲之肠是由女娲的肠子变幻而成的神，共有十人。
原典	《山海经·大荒西经》有神十人，名曰女娲之肠，化为神，处栗广之野，横道而处。
典故	郭璞注："或作女娲之腹。 女娲，古神女而帝者，人面蛇身， 一日中七十变，其腹化为此神。"

山海经

神怪大全

107

石夷
shí
yí

简介	石夷是四方神之一，西方之神，又是西方风神。他处在大地的西北角掌管太阳和月亮升起落下时间的长短。
原典	《山海经·大荒西经》有人名曰石夷——西方曰夷，来风曰韦——处西北隅以司日月之长短。
典故	西方人单称石夷为夷，把从北方吹来的风称作韦。郝懿行注："西北隅为日月所不到，然其流光余景，亦有晷度长短，故应有主司之者也。"

叔 shū
均 jūn

| 简介 | 叔均是帝俊的子孙，为发明之神，是牛耕的发明者。叔均曾经代替他的父亲和伯父后稷播种各种谷物，这才有了耕作。 |

| 原典 | 《山海经·大荒西经》有人方耕，名曰叔均。帝俊生后稷，稷降以百谷。稷之弟曰台玺，生叔均。叔均是代其父及稷播百谷，始作耕。 |

109

太子长琴

tài

zǐ

zhǎng

qín

简介
太子长琴是祝融之子。住在榣山之上，是他始创音乐，使音乐风行于世。

原典
《山海经·大荒西经》其上有人，号曰太子长琴。颛顼生老童，老童生祝融，祝融生太子长琴，是处榣山，始作乐风。

典故
《古琴疏》中说，祝融取授山之梓作琴，弹之有异声，能招来五色鸟在庭中起舞，所以祝融为自己的长子取名为琴，所以"长"应读作"zhǎng"。

传说，长琴演奏的时候，三只有着五彩羽毛的鸟——皇来、鸾来、凤来会听着他的曲子翩翩起舞，天空一片斑斓，甚是好看，故太子长琴又被称为"乐神"。

110

常羲 cháng xī

简介　常羲又称常仪，帝俊的妻子，生了十二个月亮，因此常羲也是月神。

原典　《山海经·大荒西经》有女子方浴月。帝俊妻常羲，生月十有二，此始浴之。

典故　古代羲、仪同声通用，故常羲即常仪。常仪善于占卜月之晦、朔、弦、望，实为古之月神。仪、娥，古亦同声通用，所以月神常羲又逐渐演变为奔月之嫦娥。

吴回

wú
huí

简介	吴回是一个只剩左臂膀，没有右臂膀的天神。
原典	《山海经·大荒西经》有人名曰吴回，奇左，是无右臂。
典故	关于吴回的身份有两种说法，一说吴回是祝融之弟，这种说法可以参见郭璞的注释："吴回，祝融弟，亦火正也。"另一说吴回就是祝融，这种说法可以参见《史记》：帝喾诛杀了重黎，让他的弟弟吴回替代重黎担任火正，名为祝融。

112

强良

qiáng

liáng

简介　强良是居住在北极天柜山的神，他嘴中衔着一条蛇，手里还握着一条蛇。他长着虎首人身，有四只蹄子，肘臂很长。传说强良能够驱邪逐怪，所以古代的巫术大傩仪式中经常出现他的身影。

原典　《山海经·大荒北经》又有神，衔蛇操蛇，其状虎首人身，四蹄长肘，名曰强良。

风 fēng
伯 bó
和 hé
雨 yǔ
师 shī

简介

雨师又称"青龙爷",是民间信仰的司雨之神,风伯则是神话传说中的风神。

原典

《山海经·大荒北经》蚩尤作兵伐黄帝,黄帝乃令应龙攻之冀州之野。应龙畜水,蚩尤请风伯雨师,纵大风雨。

典故

神农时期的雨师名叫"赤松子"。他服用了冰玉散这种神药,能钻进火中不被烧着。他常到昆仑山游玩,经常进入西王母石室之中,随着风雨来来去去。炎帝小女儿追随他,也得了仙道,两人都飞升离开人间。到高辛时,又被任命为雨师,游人间。

115

共

gòng

工

gōng

简介
共工是水神，蛇身人面，长着一头红发。

原典
《山海经·海内经》炎帝之妻，赤水之子听讹生炎居，炎居生节并，节并生戏器，戏器生祝融。祝融降处于江水，生共工。共工生术器，术器首方颠，是复土穰，以处江水。共工生后土，后土生噎鸣，噎鸣生岁十有二。

典故
从前，共工与颛顼争夺部落天帝之位，共工在大战中惨败后，愤怒地用头撞击不周山，支撑着天的柱子折断了，拴系着大地的绳索也断了。所以天向西北方向倾斜，日月、星辰都向西北方向移动；大地的东南角塌陷了，所以江河积水泥沙都朝东南角流去。

116

后 hòu
土 tǔ

简介
后土是中国上古神话中的中央之神，宋徽宗封后土为"承天效法厚德光大后土皇地祇"，亦称"后土皇地祇""后土娘娘"。后土还是道教天神四御之一。中国古代有"皇天后土"之说，相对于主宰天界之玉皇大帝，后土是主宰大地山川之大神。

原典
《山海经·海内经》共工生后土，后土生噎鸣，噎鸣生岁十有二。

典故
其来历有多种传说。《国语·鲁语》称后土为共工之子，能平定九州，成为地神。《左传》又说后土是神的名称，"土正曰后土"。《淮南子·天文》曰："中央土也，其帝黄帝，其佐后土，执绳而治四方。"

第二章

守护图鉴

二二

鲧

gǔn

简介 鲧是大禹的父亲，黄帝之曾孙，有崇部落的首领，曾经治理洪水长达九年，用在岸边设置河堤的障水法，缓解了中原泛滥的洪水。为治水窃取了天帝的息壤，后被天帝下令杀死。

原典 《山海经·海内经》洪水滔天。鲧窃帝之息壤以堙洪水，不待帝命。帝令祝融杀鲧于羽郊。鲧复生禹。帝乃命禹卒布土以定九州。

典故 洪荒时代到处都是洪水，鲧为了治水偷拿了天帝的息壤来堵塞洪水。天帝得知后大怒，派祝融把鲧杀死在羽山的郊野。鲧死之后，从他腹中诞生了禹。天帝于是命令禹治理洪水，禹最终以土工扼制了洪水，并划定了九州。

118

蓐收 rù shōu

简介	蓐收又名该，是中国古代神话中的金神、秋神、西方之神、天之刑神，五行神之一。他的左耳上有蛇，驾乘着两条龙飞行。
原典	《山海经·海外西经》西方蓐收，左耳有蛇，乘两龙。
典故	《国语·晋语二》中记载，虢公有次梦见在一间庙中遇到一个人面白毛、虎爪执钺的神，虢公害怕想逃跑。那个神人喊道："不要走，天帝有命，让晋国进城。"虢公害怕得跪地参拜。后得知这正是掌管刑罚的神——蓐收。

美食图鉴

中国自古有「民以食为天」的说法，这点在《山海经》中早有体现：在描述很多珍异兽的时候，都以「食之……」结尾，《山海经》中不仅记载了怪兽的食用方法，更描述了其味道、做法等。而且，这些远古怪兽除了满足食欲之外，还有更多的神奇疗效。

狌狌
sheng

狌 sheng

简介 狌狌生活在鹊山中，长得像猕猴，但耳朵是白色的，趴着身子走路，还能像人一样直立行走。
人吃了它的肉，能跑得更快。

原典 《山海经·南山经》有兽焉，其状如禺而白耳，伏行人走，其名曰狌狌，食之善走。

典故 汉代王充在《论衡·是应》中写道，"狌狌知往"。说的是狌狌有通晓过去的本领。它能够在你经过它身旁的时候叫出你的名字。
郭璞在《山海经图赞》中说："狌狌之状，形乍如兽。厥性识往，为物警辨。以酒招灾，自贻缨冑。"给狌狌冠上了一个"嗜酒"的帽子。

鲑
lù

简介 鲑其形像牛，蛇尾有翼，生于胁骨，冬死而复生。据传吃了鲑的肉可以去除身上的不适，是一味"鲑到病除"的上古神药！

原典 《山海经·南山经》有鱼焉，其状如牛，陵居，蛇尾有翼，其羽在魼下，其音如留牛，其名曰鲑，冬死而夏生。食之无肿疾。

121

肥遗鸟

féi yí niǎo

简介	肥遗鸟形状像一般的鹌鹑，却是黄身子、红嘴巴。人吃了它的肉就能治愈疯癫病，还能杀死体内寄生虫。
原典	《山海经·南山经》有鸟焉，其状如鹑，黄身而赤喙，其名曰肥遗，食之已疠，可以杀虫。

类

lèi

简介 亶爰山有一种兽，外形像山猫，长着头发，这种兽叫作类。它雌雄同体，人吃了它的肉，就不会嫉妒。

原典 《山海经·南山经》有兽焉，其状如狸而有髦，其名曰类，自为牝牡，食者不妒。

典故 相传在明朝时，云南蒙化府一带经常见到这种野兽，当地人称它为香髦。又有传说在南海山谷中有一种形貌像狸的灵猫，自为雌雄，可能也是类。

123

鹌鸺

chǎng

fú

鹌鸺是基山的一种禽鸟，形如鸡，三头六目，
六只脚，三只翅膀，食其肉使人不瞌睡。

原典

《山海经·南山经》有鸟焉，其状如鸡而三首
六目、六足三翼，其名曰鹌鸺，食之无卧。

124

赤鱬

chì

rú

简介 赤鱬，外形如鱼，长着一张人脸。
赤鱬的叫声如同鸳鸯，如果人吃了它，
可以不生疥疮。

原典 《山海经·南山经》英水出焉，南流注于即翼之泽。
其中多赤鱬，其状如鱼而人面，其音如鸳鸯，食之不疥。

典故 在上古时期，赤鱬是一种常见的动物，它们结伴而行，常常
隐藏在沼泽里。赤鱬实力弱小，但是善于隐匿，很难捕捉。

简介 九尾狐是青丘山中有一种野兽，
外形像狐狸，长着九条尾巴，发出的声音就
像婴儿的啼哭声。这种野兽能吃人。
如果人吃了它的肉，就不会受毒气侵袭。

原典 《山海经·南山经》有兽焉，
其状如狐而九尾，其音如婴儿，
能食人；食者不蛊。

典故 九尾狐是中国古代神话传说中的
神异动物，常用来象征祥瑞。
汉画像中九尾狐常与西王母
一同出现。传说大禹的妻子便
是一只九尾白狐，名为途山。
但后来九尾狐的形象慢慢被妖化。
民间传说九尾狐会化身各种
人物以媚惑欺骗。最著名的
九尾狐当属《封神演义》
中的妲己。武王伐纣，
九尾狐化身妲己，做了许多
坏事让商纣王失去了江山。
九尾狐传说也流传到
了越南、朝鲜半岛和日本。

九尾狐

jiǔ
wě
hú

第三章

美食图鉴

126

虎蛟

hǔ

jiāo

简介	虎蛟是鱼身而蛇尾，叫声像鸳鸯。 吃了它的肉可让人不生肿疮，还可以治疗痔疮。
原典	《山海经·南山经》其中有虎蛟，其状鱼身而蛇尾， 其音如鸳鸯，食者不肿，可以已痔。
典故	传说汉昭帝曾经在渭水钓到一只白色的虎蛟， 肉质细腻美味。

127

鸵渠

tóng

qú

简介　松果山里有一种鸟，名叫鸵渠，
它的形状像山鸡，身子是黑色的，
足爪是红色的。吃了它的肉，
可以治疗皮肤干裂发皱。

原典　《山海经·西山经》有鸟焉，其名曰鸵渠，
其状如山鸡，黑身赤足，可以已皳。

赤鷩

chì

bì

简介 小华山中的鸟类多是赤鷩，这是一种红色的锦鸡，人们可以用它来防火。

原典 《山海经·西山经》又西八十里，曰小华之山，其木多荆杞，其兽多㸲牛，其阴多磬石，其阳多㻬琈之玉，鸟多赤鷩，可以御火。

典故 郭璞在《山海经图赞》解释：赤鷩的外形像山鸡，体型比山鸡要娇小。它的羽毛颜色鲜艳，头部的羽毛呈绿色，头冠是金黄色的，背部的羽毛是黄色的，尾部的羽毛呈赤红色，十分美丽。
《本草纲目》称其肉质"甘，温，微毒"，具有养血益气的功效。

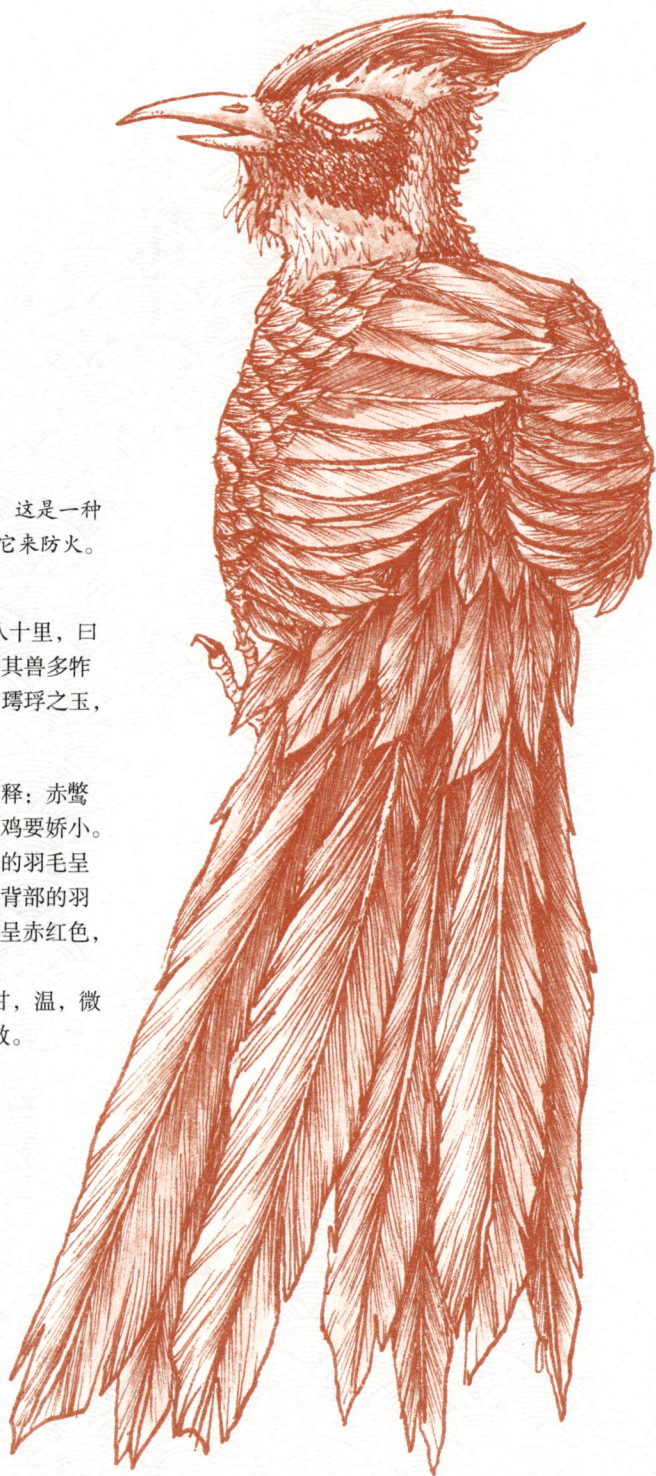

数 shù 斯 sī

简介 数斯长得像猫头鹰，却长着人的脚。传说吃了它的肉就能治愈甲状腺、癫痫。

原典 《山海经·西山经》有鸟焉，其状如鸱而人足，名曰数斯，食之已瘿。

典故 瘿在中医里是肿块的意思。古时某些地方的人，由于生理知识的缺乏，可能对"碘"的摄入量不够，因缺碘会患上一些疾病，比如脖子上出现甲状腺肿块。

栎

山海经

神怪大全

简介

天帝山里有一种鸟，形状像鹌鹑，身上有黑色的花纹和红色的颈毛，它的名字叫作栎。人吃了它的肉，可以治疗痔疮。

原典

《山海经·西山经》有鸟焉，其状如鹑，黑文而赤翁，名曰栎，食之已痔。

文鳐鱼

wén

yáo

yú

简介 文鳐鱼外形像鲤鱼，鱼身、鸟翅，浑身布满苍色的花纹，头白，嘴红。它叫的声音像鸾鸡，肉味酸甜，食用可以治癫狂病。

原典 《山海经·西山经》是多文鳐鱼，状如鲤鱼，鱼身而鸟翼，苍文而白首赤喙，常行西海，游于东海，以夜飞。其音如鸾鸡，其味酸甘，食之已狂，见则天下大穰。

典故 传说有人在南海见过文鳐鱼，大的有一尺多长，身上长着与尾巴相齐的翅膀。它们群飞过海面时，海边的人以为起了大风。

132

讙

huān

简介	讙外形像猫，长着一只眼、三条尾巴，声音像是百种动物在鸣叫。饲养它可以辟凶邪之气，人吃了它的肉就能治好黄疸病。
原典	《山海经·西山经》有兽焉，其状如狸，一目而三尾，名曰讙，其音如夺百声，是可以御凶，服之已瘅。

当扈

dāng

hù

简介　当扈的样子像普通的野鸡，但是脖子上长着髯毛。它用自己脖子上的髯毛就能飞，人吃了它的肉眼睛就不会昏花。

原典　《山海经·西山经》其鸟多当扈，其状如雉，以其髯飞，食之不眴目。

134

冉遗鱼

rǎn

yí

yú

冉遗鱼生活在浇水中。这种鱼的身子与一般的鱼无异，却长着蛇一样的脑袋，有六只脚，眼睛的形状如马的耳朵一般。人吃了这种鱼的肉就不会梦魇，还可以用它来防御凶险。

原典

《山海经·西山经》是多冉遗之鱼，鱼身蛇首六足，其目如马耳，食之使人不眯，可以御凶。

135

滑鱼

huá

yú

| 简介 | 滑鱼的形状就像鳝鱼，脊背是红色的，它鸣叫的声音像人弹奏琴瑟。传说吃了它能治皮肤上的疣赘病。 |

| 原典 | 《山海经·北山经》其中多滑鱼，其状如鳝，赤背，其音如梧，食之已疣。 |

鸱鸺

qí

tú

简介 鸱鸺三头六尾，善拟人笑。据闻吃了它的肉能安神入睡，好梦将来，还能辟凶辟邪。

原典 《山海经·西山经》有鸟焉，其状如乌，三首六尾而善笑，名曰鸱鸺，服之使人不厌，又可以御凶。

典故 元代侯善渊在《沁园春·养浩颐神》中写道："黄宫捧出神丹。遇此物疵盲法体安。使蛇吞一粒，成龙变翼，鸱鸺达者，立化祥鸾。点铁成金，回骸起死，梼杌逢之返降檀。君知否，上登仙入圣，不足为难。"

是说黄宫中有神丹，蛇吃一颗可以变成有翅膀的龙，鸱鸺拿到也可以化作祥瑞的鸾鸟，还可以点铁成金，起死回生，颇为神奇。

鯈鱼

yóu

yú

简介

鯈鱼看起来像红羽的鸡，长着三条尾巴、六只脚和四个头，发出的声音像喜鹊的叫声，吃了它的肉可以忘忧。

原典

《山海经·北山经》彭水出焉，而西流注于芘湖之水，其中多鯈鱼，其状如鸡而赤毛，三尾、六足、四首，其音如鹊，食之可以已忧。

典故

现在鯈鱼多指白鲦鱼，是一种常见的可食用鱼类。当年庄子和惠子在濠梁之上游玩时，看到鯈鱼出游从容，引发了"是鱼之乐"和"子非鱼，安知鱼之乐"之辩。相信庄惠二人当时所见的鯈鱼应该是白鲦鱼，遇到的若是《山海经》中这四头六脚三尾的怪物，怕是会大惊失色，再也没有心思去争论到底是谁之乐了。

138

何罗鱼

hé

luó

yú

山海经

神怪大全

简介 何罗鱼着一个脑袋十个身子，
它的叫声如吠犬叫，吃了它可以治愈痈肿。

原典 《山海经·北山经》其中多何罗之鱼，
一首而十身，其音如吠犬，食之已痈。

典故 清朝末年，武强年画有一幅《三鱼争月》，画中波浪之上，有三尾鲤鱼共用一
个鱼头，在水面上跃起。在这里，"月"即"跃"的谐音，大鱼争相跃龙门，
这是科举时代渴望登第的心境。在大鱼两侧，还各有一组小鱼，也是一头三
身，学着大鱼的样子在跳跃。这种形象，可以看作是何罗鱼的一脉旁支。

一三四

139

鱛_{xí}
鱛_{xí}
鱼_{yú}

简介

鱛鱛鱼形状像喜鹊，有十只翅膀，鱼鳞均在翅膀前端。这种鱼的声音与喜鹊相似，人们可以用它来防火，食用它可以治黄疸病。

原典

《山海经·北山经》其中多鱛鱛之鱼，其状如鹊而十翼，鳞皆在羽端，其音如鹊，可以御火，食之不痒。

典故

谯明山往北三百五十里就到了涿光山，嚣水在此发源，鱛鱛鱼便遨游于这波光之中。这种鱼的头尾还都是鱼的样子，身体却像鹊鸟，而且还长了五对翅膀，翅膀的一端长有鳞片，声音和喜鹊的叫声差不多。

简介	耳鼠样子和老鼠相似，却长着兔头、鹿身，叫声像狗，靠尾巴飞行。吃了它的肉可以抵御百毒。
原典	《山海经·北山经》有兽焉，其状如鼠，而兔首麋身，其音如獋犬，以其尾飞，名曰耳鼠，食之不脒，又可以御百毒。
典故	耳鼠的长相也甚是神奇，可以说是老鼠界的"四不像"，兔首狐尾。耳鼠飞翔时，能用翅膀划动空气，用尾巴来控制飞行的高度和方向，从外形来说耳鼠与鼯鼠有点类似。《荀子·劝学篇》说，鼯鼠五技而穷，能飞不能上屋，能缘不能穷木，能游不能渡谷，能穴不能掩身，能走不能先人。由此可见，能飞的老鼠自古就是人们眼中非常神奇的物种。

140

耳　ěr

鼠　shǔ

141

人鱼

rén

yú

长着四只脚的怪鱼，外形像一般的鲔鱼，发出的声音像婴儿哭啼。吃了它的肉人就不会患上疯癫病。

原典 《山海经·北山经》其中多人鱼，其状如鱼，四足，其音如婴儿，食之无痴疾。

142

鹪

jiāo

简介 鹪喜欢成群居住，结伴飞行，羽毛很像雌野鸡的羽毛。叫声像是自己的名字。传说吃了它的肉可以调理中风等症。

原典 《山海经·北山经》有鸟焉，群居而朋飞，其毛如雌雉，名曰鹪，其鸣自呼，食之已风。

第三章

美食图鉴

一三七

白鹉

bái

yè

简介

白鹉是传说中的古兽。样子像雉，头上有斑纹，翅膀白色，脚黄色。据说吃了它的肉可以治咽喉痛，还可以治癫狂病。

原典

《山海经·北山经》有鸟焉，其状如雉，而文首、白翼、黄足，名曰白鹉，食之已嗌痛，可以已痸。

典故

白鹉曾是古代神兽，它也许其貌不扬，但能判断人的善恶，被它认为是"善"的人会得到白鹉的保护。而如若不幸被判断为"恶"，白鹉会用一种极其残忍的方式将其杀掉。

鱳鱼

zǎo

yú

简介 鱳鱼形体像一般的鲤鱼，腹下长着鸡爪子。人吃了它的肉就能治好赘瘤病。

原典 《山海经·北山经》又北二百里，曰狱法之山，瀤泽之水出焉，而东北流注于泰泽。其中多鱳鱼，其状如鲤而鸡足，食之已疣。

典故 鱳鱼是水族最崇尚之物，有水族祖先的影子。

从水族的祭祖、吊丧及婚嫁等习俗，都可见水族和鱳鱼有着密切关系。鱳鱼是水族的图腾崇拜物，在婚俗中常作为信物、圣物出现。在荔波、九阡等地请媒人提亲时，男方母亲悄悄把包好的几条小干鱼置于盛着礼品的竹篮底部。而女方之母收到礼品时，也会首先查看篮底是否有小干鱼。若应允婚事，则收下礼品和干鱼。姑娘出阁之前的祭祖席上鱼更不可少，新娘还要吃下一筷鱼，以获祖宗保佑。迎亲时，女方要看到男方带来的罩鱼笼和象征大鱼的金刚藤叶子等信物，才能发亲。

鮆鱼

cǐ

yú

简介

鮆鱼形状像鯈鱼，鳞片是红色的，
发出的声音如人的呵斥声。
吃了这种鱼的肉，可以消除狐臭。

原典

《山海经·北山经》其中多鮆鱼，
其状如鯈而赤鳞，其音如叱，
食之不骚。

典故

鮆鱼又叫鲚鱼或刀鱼，
鱼形如裂篾之刀，鳞色银白。
故苏东坡用"恣看修网出银刀"
的诗句来赞美它，还曾经写下
"还有江南风物否，桃花流水
鮆鱼肥"的诗句。自古以来，
刀鱼、鲥鱼、河豚并称"长江三鲜"，
刀鱼应市最早，故列三鲜之首。
刀鱼盛产于长江中下游，以扬州出产的
品质最佳，美食家李渔誉之为"春馔妙品"。
李渔也说："食鲥报鲟鳇有厌时，鲚则愈甘，
至果腹而不释手"。扬州谚语云："宁去累死宅，
不弃鮆鱼额"。就是说宁愿丢掉祖宅，也不愿放弃鮆鱼头。
这些说法虽有些夸张，却足以证明这种鱼的美味非同寻常。

146

鬻
鹛

bān

mào

| 简介 | 北嚻山中有一种禽鸟，外形像一般的乌鸦，却长着人的面孔，名字叫鬻鹛。它夜里飞行而白天隐伏，据说吃了它的肉就能使人不中暑。 |

| 原典 | 《山海经·北山经》有鸟焉，其状如乌，人面，名曰鬻鹛，宵飞而昼伏，食之已暍。 |

| 典故 | 传说鬻鹛的叫声很瘆人，就像是从墓穴的尸骨中发出来一般，阴森森、冷飕飕的。它能够唤醒幽冥中的魂灵和方圆十里之内的孤魂野鬼。 |

第三章　美食图鉴

147

嚣
xiāo

简介　嚣是古代传说中的一种鸟。外表看起来像夸父，有四个翅膀，一只眼睛，狗一样的尾巴，叫声像鹊，吃了它的肉可以治疗肚子疼和腹泻。

原典　《山海经·北山经》有鸟焉，其状如夸父，四翼、一目、犬尾，名曰嚣，其音如鹊，食之已腹痛，可以止衕。

148

领胡

lǐng hú

简介

领胡的外形像普通的牛，却长着红色的尾巴，脖子上有斗形的肉瘤。它的叫声就像在叫自己的名字，人吃了它的肉就能治愈癫狂症。

原典

《山海经·北山经》有兽焉，其状如牛而赤尾，其颈腎，其状如句瞿，其名曰领胡，其鸣自詨，食之已狂。

典故

领胡晶莹透亮的毛发在阳光的照射下绚丽多彩，颈部复杂的褶皱展现出良好的肌肉发育，这也使得它颈部类似图腾的花纹尤为明显。最醒目的是领胡身上的肉瘤，那是它们储存脂肪的地方，在寒冷的冬天这是它们最为重要的能量补给站。

鲐父鱼

xiàn

fù

yú

| 简介 | 鲐父鱼生长在水中，外形像一般的鲋鱼，却长着鱼头和猪身，人吃了它的肉可以治愈呕吐。 |

| 原典 | 《山海经·北山经》留水出焉，而南流注于河。其中有鲐父之鱼，其状如鲋鱼，鱼首而彘身，食之已呕。 |

| 典故 | 民间有一个治孕吐的偏方，说什么调料都不加的清蒸鲫鱼可以止吐，而鲐父鱼恰好就形似鲫鱼，只是鲫鱼没有长着猪身子。 |

150

鶌
qū

鶋
jū

简介 鶌鶋的样子和乌鸦很相似，
白头，青身，黄足。

原典 《山海经·北山经》有鸟焉，其状如乌，首白而身青、
足黄，是名曰鶌鶋，其鸣自诐，食之不饥，可以已寓。

151

鸹
_{gū}

鶛
_{xí}

简介	鸹鶛的身形像乌鸦，长着白色的斑纹。传说吃了它的肉，使人眼睛明亮，不会昏花。
原典	《山海经·北山经》有鸟焉，其状如乌而白文，名曰鸹鶛，食之不灂。
典故	鸹鶛即鸸鸹，是一种常见候鸟。鸸鸹栖于低地至海拔 1600 米的干燥林地、草地及次生灌丛，喜群居生活。鸸鸹既是一种非常美丽的观赏鸟，又是一种经济价值很高的美食珍禽。

黄鸟的外形和猫头鹰很相似，长着白色的脑袋。
它发出的声音就像是在呼喊自己的名字。传说吃了它的肉，
就不会产生妒忌心。

《山海经·北山经》有鸟焉，其状如枭而白首，其名曰黄鸟，
其鸣自詨，食之不妒。

《搜神记》里有一个黄鸟报恩的故事。汉朝有个少年叫杨宝，
他外出偶然救下一只受伤的黄鸟。经过杨宝细心照料，
黄鸟伤愈离开了。
某天半夜，杨宝突然看见一个穿着黄衣的少年从外面
缓缓走来，向他行了跪拜礼，且语气恭敬地说自己
就是他救的那只黄鸟，是西王母娘娘的使者。
原来那天黄鸟奉西王母娘娘的命令去蓬莱山，却在
半路不慎被鸱鸮袭击了。随后黄衣少年就拿出
四个白色玉环送给了杨宝，并且祝福杨宝的
子孙像玉环一样洁白，位居三公。祝福的
话音刚落，黄衣少年便消失不见了。
而杨宝的后代果真都成了大官。

152

黄
鸟

huǎng

niǎo

第
三
章

美
食
图
鉴

153

箴鱼

zhēn

yú

简介 箴鱼的样子像鲦鱼，喙尖有一细黑骨如针。据说人吃了箴鱼的肉就不会染上瘟疫。

原典 《山海经·东山经》其中多箴鱼，其状如鲦，其喙如箴，食之无疫疾。

典故 据说东海有一种鱼，名叫箴鱼，因为它们的嘴上长着一根又细又黑的针所以才叫这个名字。相传箴鱼嘴上的针就是姜子牙当年钓鱼的时候留下的鱼钩，所以箴鱼又被称为"姜公鱼"或者"铜鱼"。

《本草纲目》中也有关于箴鱼的记载：箴鱼生于江湖之中，大小和形状都与鲙残鱼相当，所不同的是，它的嘴尖上有一根细细的黑骨，像针一样，因此而得名。

154

珠 zhū

鳖 biē

鱼 yú

简介

原典

典故

珠鳖鱼能吐珍珠，形状像动物的肺，长着四只眼睛六条腿。它的味道酸甜可口，人吃了就不会感染瘟疫。

《山海经·东山经》澧水出焉，东流注于余泽，其中多珠鳖鱼，其状如肺而有目，六足有珠，其味酸甘，食之无疠。

《南越笔记》云："珠鳖产高州海中，其背隆起者有珠，珠或从口吐出。六足珠鳖，味甚美。"从这里描述的地理位置和形态考证，有人猜测珠鳖鱼就是太平洋扁鲨，因为太平洋扁鲨两个眼睛后有两个气孔，看似另外的两只眼睛，同时身体扁平，前面有一对较大的"翼"，看似一对肺；从食用功效上也有相似的功效。

第三章

美食图鉴

一四九

鳠鱼

xiū

yú

简介 鳠鱼的形状像鲤鱼，头很大，吃了它的肉使人皮肤不生瘊子。

原典 《山海经·东山经》其中多鳠鱼，其状如鲤而大首，食者不疣。

典故 有一种说法，鳠鱼是鳙鱼的别称，又称大头鱼、胖头鱼、花鲢，这种鱼比较常见，是四大家鱼之一。鳙鱼最大的特点就是鱼头硕大，并且鱼头味道鲜美，李时珍在《本草纲目》记载："鳙之美在头。"

156

茈^{cí}

鱼^{yú}

| 简介 | 茈鱼形状像一般的鲫鱼，长着一个脑袋，十个身子。气味与蘼芜草相似，人吃了它就不放屁。 |
| 原典 | 《山海经·东山经》泚水出焉，而东北流注于海，其中多美贝，多茈鱼，其状如鲋，一首而十身，其臭如蘼芜，食之不糟。 |

犲 nuó

简介
甘枣山中有一种野兽，
形状与猷鼠相似，额头上
有花纹，这种兽名叫犲，
吃了它的肉能治疗颈部的大瘤子。

原典
《山海经·中山经》
有兽焉，其状如猷鼠
而文题，其名曰犲，
食之已瘿。

典故
根据宋代陈彭年等编纂的词典《重修广韵》所说，犲这种野
兽的肉，除了可以治疗颈部的瘤，还有明目的功效。

豪鱼

háo

yú

简介	渠猪水中有很多豪鱼，这种鱼形状像一般的鲔鱼，但是长着红色的嘴，尾巴上有红色的羽毛，食用这种鱼可以治疗白癣。
原典	《山海经·中山经》其中是多豪鱼，状如鲔，赤喙尾赤羽，可以已白癣。

159

三 ^{sān}

足 ^{zú}

鳖 ^{biē}

简介	三足鳖，其尾巴分叉。吃了它的肉，人就不会患上疑心病。
原典	《山海经·中山经》从水出于其上，潜于其下，其中多三足鳖，枝尾，食之无蛊疫。

山海经

神怪大全

160

鲦鱼

dǐ

yú

| 简介 | 鲦鱼的形状与猕猴相似，长着像公鸡一样的爪子，白色的脚趾相对而生。吃了它的肉就不会有疑心病，还能抵御兵器的伤害。 |

| 原典 | 《山海经·中山经》休水出焉，而北流注于洛，其中多鲦鱼，状如鳌蜼而长距，足白而对，食者无蛊疾，可以御兵。 |

简介 飞鱼的形状与鲫鱼相似，食用这种鱼可以治疗痔疮一类的病。

原典 《山海经·中山经》是多飞鱼，其状如鲋鱼，食之已痔衕。

典故 《异鱼图赞笺》中说飞鱼身圆，长有一丈多，可登云也可游波，形态如鲋，翼如胡蝉。

161

飞 fēi
鱼 yú

蜼蛭

lóng

zhì

简介	昆吾山里有一种兽，形状与猪相似，头上长着角，发出的声音像是人的号哭声，这种兽名叫蜼蛭，吃了它的肉就不会梦魇。
原典	《山海经·中山经》有兽焉，其状如彘而有角，其音如号，名曰蜼蛭，食之不眯。
典故	这里的蜼蛭是一种吃了能够帮人治愈疾病的瑞兽，与《山海经·东山经》中吃人的同名怪兽不同，而且这两种怪兽的长相也不一样。

飞鱼

fēi

yú

简介	正回水中有许多飞鱼，形状与猪相似，身上长着红色的斑纹。食用它的肉就不怕惊雷，还能防止兵器的伤害。
原典	《山海经·中山经》其中多飞鱼，其状如豚而赤文，服之不畏雷，可以御兵。
典故	正回水中的飞鱼与劳水中的飞鱼不仅外貌不同，功效也有所不同。

鸮 yǎo

九尾狐

白狐明明是祥瑞

上古奇幻巨著
SHAN HAI ZUN
xíng yǎo hǎi jīng

有兽焉，其状如狐而九尾，
其音如婴儿，食者不蛊。

中国探秘

| 简介 |
| 原典 |
| 典故 |

它□□□□□□□□□□□□□□□□□□□□□□不生育。
眼□□□□□□□□□□□□□□□□□□□□□

《山海□□□□□□□□□□□□□□□□□□□
青身而□□□□□□□□□□□□□□□□□

相传鸮的□□□□□□□□□□□□□□□□所以常混在野
鸭群中游泳□□□□□□□□□一种妖鸟，鸭身鸡尾，
停在百姓的屋□□□□□□不认识，其实可能就是鸮。

shan hai jing

山海经神怪大全

165

鴲鸟

dī

niǎo

简介 首山的北面有一条山谷，名叫机谷，谷中有许多鴲鸟。这种鸟形状与猫头鹰相似，有三只眼睛，有耳朵，声音像是鹿的鸣叫之声，食用它的肉可以治疗湿病。

原典 《山海经·中山经》其阴有谷，曰机谷，多鴲鸟，其状如枭而三目，有耳，其音如录，食之已垫。

166

鸰鹞

líng

yāo

| 简介 | 鸰鹞形状与山鸡相似，尾巴长长的，浑身红如丹火，嘴呈青色。它叫起来像是在喊自己的名字，人吃了它的肉就不会梦魇。 |
| 原典 | 《山海经·中山经》其中有鸟焉，状如山鸡而长尾，赤如丹火而青喙，名曰鸰鹞，其鸣自呼，服之不眯。 |

脩辟鱼

xiū

pì

yú

| 简介 | 脩辟鱼长得像蛙，有白色的嘴，发出的叫声像是猫头鹰的鸣叫之声，吃了它的肉可以治疗白癣。 |
| 原典 | 《山海经·中山经》其中多脩辟之鱼，状如蛙而白喙，其音如鸱，食之已白癣。 |

168

三
足
龟

sān

zú

guī

简介

三足龟其肉有预防
大病和消肿的功效。

原典

《山海经·中山经》其中多三足龟，
食者无大疾，可以已肿。

典故

相传庚午年夏，太仓州一个百姓买到一只三足龟。他让妻子将
乌龟烹熟，然后他一人吃下。妻子在门外，很长时间没有听见
丈夫的声音。进屋一看，人无踪影，房间内只剩衣服和头发。
邻居怀疑妇人谋害了丈夫，便报了官。妇人被以谋夫罪关押在
牢。后州官又从渔夫处买到一只三足龟，让妇人按照之前的方
法做熟，让重囚吃掉。果然囚犯也不见了，只留下衣发。妇人
便被释放了。渔夫们对州官说，刚开始捕鱼时，连捕到两次人
形肉块样的东西，后买牲酒祭水神，才捉到了三足龟。

169

鮯鱼

lún

yú

简介 鮯鱼身上有黑色的斑纹，形状
与鲫鱼相似，人吃了它的肉就
可以不睡觉。

原典 《山海经·中山经》来需之水
出于其阳，而西流注于伊水，
其中多鮯鱼，黑文，其状如
鲋，食者不睡。

170

䲣鱼

téng

yú

简介 䲣鱼的形状像鳜鱼，栖息在水底相互连通的孔穴中，身上有青色的斑纹，长着红色的尾巴。人吃了它的肉就不会长毒疮，还能治疗瘘疮。

原典 《山海经·中山经》合水出于其阴，而北流注于洛，多䲣鱼，状如鳜，居逵，苍文赤尾，食者不痈，可以为瘘。

獜

lín

简介 獜的形状与狗相似，长着老虎一样的爪子，身上长着鳞甲。它擅长跳跃腾扑，人吃了这种兽的肉就不会患中风、痛风之类的病。

原典 《山海经·中山经》有兽焉，其状如犬，虎爪有甲，其名曰獜，善駚牟，食者不风。

172

巴 bā

蛇 shé

第三章 ┃ 美食图鉴

简介

巴蛇是一种体型巨大的蛇，能吃掉大象，三年后才吐出象骨。君子吃了巴蛇肉，就不会得心脏和腹部的疾病。巴蛇身上有青、黄、红、黑四种颜色，也有说巴蛇长着黑色的身子和青色的脑袋。

原典

《山海经·海内南经》巴蛇食象，三岁而出其骨，君子服之，无心腹之疾。其为蛇青、黄、赤、黑。一曰黑蛇青首，在犀牛西。

典故

传说有个叫蒋武的人，魁梧健壮，豪迈英勇。蒋武善射弓箭，打猎时都是一箭射中猎物的心脏。

有一天，一只猩猩骑着一头白象来敲蒋武的家门。蒋武问道："你们敲我的门做什么？"猩猩说："大象有难，就请带着弓箭骑到象背上。"蒋武被它的话感动了，骑着大象来到了山洞。蒋武与巴蛇搏斗了一番，最后杀死了巴蛇。巴蛇死后，蒋武来到山洞中，见到了堆积如山的象骨、象牙。此时，来了十头象，用长鼻子各自卷起一枚红色象牙，献给蒋武。蒋武收下了，骑着先前那头象带着象牙回到家中。蒋武从此就发了大财。

知道我能说话，所以驮着我来投奔你。"原来当地有座山，山以南二百多里，有一个很大的山洞，洞中有一条大巴蛇。凡是经过这里的象，全被巴蛇吞吃了，先后已有几百头象被吃掉了。大象知道蒋武擅长射箭，希望蒋武帮忙除去巴蛇。说着那头象跪到地上，泪如雨下。猩猩说："你如果答应前往，就请带着弓箭骑到象背上。"

一六七

奇异图鉴

Qiyi Tujian

《山海经》中的鸟兽虫鱼，甚至人，都长得怪异无比，动辄好几个脑袋、好几条腿。虽然形貌不同于常人，但它们似乎没有什么神奇的本领，食之也无功效。它们与人类无甚交集，居住于深山远海，所在之遥远难寻。

简介 白猿生活在堂庭山中。

原典 《山海经·南山经》又东三百里，曰堂庭之山，多棪木，多白猿，多水玉，多黄金。

典故 越王勾践问范蠡有没有善于兵器技击的高手，范蠡向他推荐了越国山林之中一个未出嫁的小女孩，说此女极擅剑术。于是越王招女孩进宫，越女在北上的路上，遇到一个自称为袁公的老翁。老翁说自己听闻女孩擅长剑术，愿意见识一下。越女感觉老翁应该是个高手，便直接提出和老翁比剑。老翁就跳上路边竹林，随手折断一根竹子来刺越女，越女则顺手捡起掉在地上的竹枝对战，守了三招之后还反刺了一招，袁公立刻飞上树丛，化作一只白猿，跳跃而去。后来人们就以"白猿公"指代擅剑术的人。

173

白猿
bái yuán

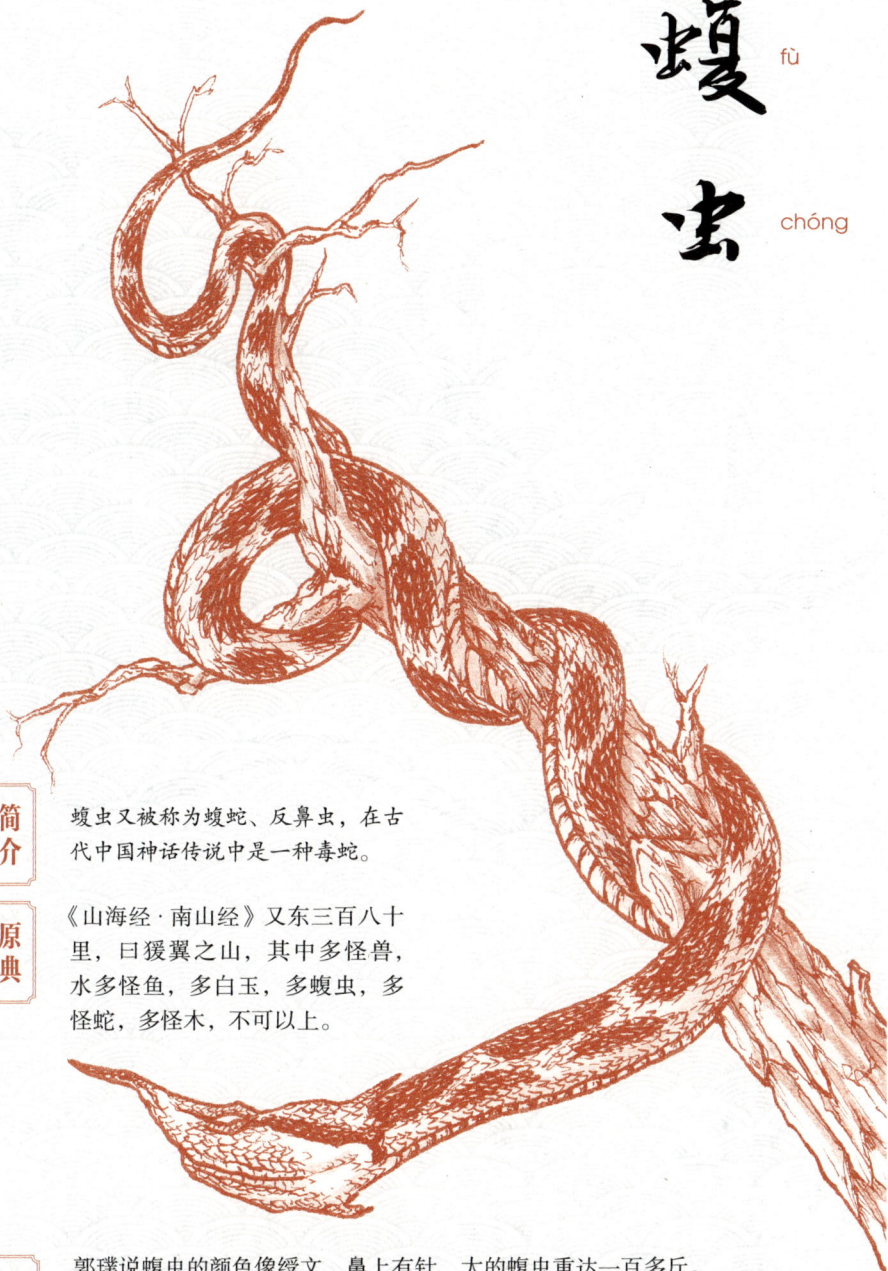

蝮 fù
虫 chóng

简介 蝮虫又被称为蝮蛇、反鼻虫，在古代中国神话传说中是一种毒蛇。

原典 《山海经·南山经》又东三百八十里，曰猨翼之山，其中多怪兽，水多怪鱼，多白玉，多蝮虫，多怪蛇，多怪木，不可以上。

典故 郭璞说蝮虫的颜色像绶文，鼻上有针，大的蝮虫重达一百多斤。
屈原在《离骚·大招》的招魂词中，就呼唤灵魂不要去南方，因为南方有千里炎火蔓延，还充斥着蝮蛇和其他一些可怕的动物。

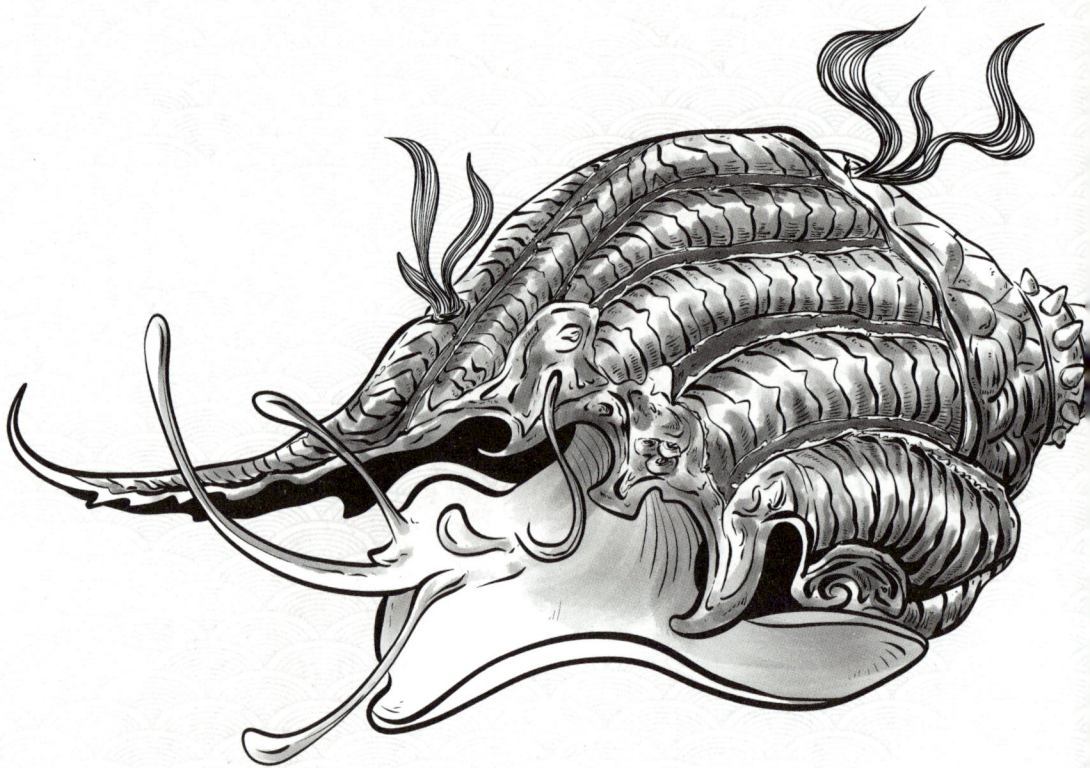

175

芘
bì

蠃
luǒ

简介 ｜ 一般认为芘蠃就是紫色的螺。

原典 ｜ 《山海经·南山经》洵水出焉，而南流
注于阏之泽，其中多芘蠃。

176

瞿 qú

如 rú

简介 瞿如长着白色的脑袋、三只脚和人一样的脸，鸣叫起来就像在呼唤自己的名字。

原典 《山海经·南山经》有鸟焉，其状如䳌而白首、三足、人面，其名曰瞿如，其鸣自号也。

第四章

奇异图鉴

一七三

犀
xī

山海经

神怪大全

简介 祷过山上多金属和玉石，
山下有很多犀、兕和象。

原典 《山海经·南山经》东五百里，曰祷过之山，
其上多金玉，其下多犀、兕和象。

典故 郭璞《山海经注》中说，犀这种动物外形很像水牛，头上长着三
只角，长着猪一样的脑袋，腿很短小，但是形状很像是大象的腿，
而且只有三只蹄子，它的腹部大而浑圆，
浑身呈黑色。
《广州记》中记载，平定县的巨海中有水犀，
长得像牛，它出入时伴有光，
水也会自动分开。

象
xiàng

简介 祷过山上多金属和玉石，
山下有很多犀牛、兕和象。

原典 《山海经·南山经》东五百里，曰祷过之山，
其上多金玉，其下多犀、兕，多象。

典故 郭璞对于祷过山脚下的象是这样解释的：象是体型最大的动物，
长着长长的鼻子，体型较大的象牙长度可达一丈。

179

柞牛

zuó

niú

柞牛是生活在小华山的一种野兽，
是一种体型硕大的牛。

《山海经·西山经》又西八十里，曰小华之山，
其木多荆杞，其兽多柞牛。

李时珍在《本草纲目》里说，牦牛在《山海经》
中被称为柞牛。西夏人管这种牛叫竹牛，因为
它头上长的角的纹理就像竹子一样。

180

葱聋

cōng

lóng

简介 葱聋的形状像羊，却长有红色的胡子。

原典 《山海经·西山经》其兽多葱聋，其状如羊而赤鬣。

典故 葱聋为藏羚羊。郝懿行说："此即野羊之一种，今夏羊亦有赤鬣者。"李时珍说："生江南者为吴羊，毛短；生秦晋者为夏羊，毛长，剪毛为毡，又谓之绵羊。"

鮇鱼

bàng

yú

简介　鮇鱼是一种奇鱼，样子像龟，却长着鱼尾、二足，声音像羊叫。

原典　《山海经·西山经》禺水出焉，北流注于招水，其中多鮇鱼，其状如鳖，其音如羊。

182

蛮蛮

mán

mán

简介 蛮蛮是一种野兽，形状像普通的老鼠，长着甲鱼脑袋，叫声如狗叫。

原典 《山海经·西山经》其中多蛮蛮，其状鼠身而鳖首，其音如吠犬。

183

白蛇

bái

shé

简介 白色的蛇。

原典 《山海经·西山经》浴水出焉，东流注于河，其中多藻玉，多白蛇。

人 ^{rén} 鱼 ^{yú}

简介

丹水中有很多水晶，
还有很多人鱼。

原典

《山海经·西山经》丹水出焉，东南流注于洛水，
其中多水玉，多人鱼。

典故

《南越笔记》中有一个关于人鱼的故事：每当有大风雨时，就会有一只
披散着头发的红面海怪，乘着一条鱼往来。这个海怪就是人鱼。雄性人
鱼是海和尚，雌性的为海女，它们会在船舶上作怪。人鱼之中有个种族
叫卢亭，新安大鱼山和南亭竹没老万山都有卢亭栖息。卢亭分公母，它
们的毛发焦黄而且很短，眼睛也是黄色的，脸色发黑，尾巴长一寸多，
见到人就会害怕地钻回水中。卢亭往往随波飘至，人们见到觉得奇怪，
就竞相逐之。若抓到女卢亭，与之淫，它们也不能言语，只会笑而已。
久了，它们就能穿衣，食五谷。如果带它们去大鱼山，就会回到水里。

185

豪彘
háo
zhì

简介	豪彘的外形像猪，长着白色的毛，毛粗如簪子一般，尖端呈现黑色。
原典	《山海经·西山经》有兽焉，其状如豚而白毛，大如笄而黑端，名曰豪彘。
典故	豪彘就是豪猪，也叫箭猪。它们在遇到危险时，会竖起背上的尖刺惊吓对方，还会用力扑向对方，用身上的尖刺来攻击对方。

186

猛豹
měng
bào

简介	猛豹的外形像熊，毛皮光泽并且覆盖着花纹，会吃蛇，还会食用铜矿石和铁矿石，生活在蜀中地区，也就是现在的四川省中部地区。也有说猛豹是大熊猫的古代称谓。
原典	《山海经·西山经》兽多猛豹，鸟多尸鸠。
典故	猛豹亦称"貘豹"。郭璞称猛豹长得像小型的熊，毛色浅，有光泽，能食蛇，也能吃铜、吃铁。

187

尸鸠

shī

jiū

第四章

奇异图鉴

简介 尸鸠或作"鳲鸠"，也就是布谷鸟。

原典 《山海经·西山经》兽多猛豹，鸟多尸鸠。

典故 《诗经》中有一篇关于鳲鸠的诗歌："鳲鸠在桑，其子七兮。淑人君子，其仪一兮。"传说鳲鸠哺育群雏能平均如一。曹植的《责躬诗》写道："七子均养者，鳲鸠之仁也。"后来，人们用鳲鸠之仁比喻一视同仁。

一八三

罴

pí

| 简介 | 嶓冢山上的野兽多为犀牛、兕、熊、罴，鸟类多是白䳺和红色的锦鸡。 |

| 原典 | 《山海经·西山经》其上多桃枝、钩端，兽多犀、兕、熊、罴，鸟多白翰、赤鷩。 |

| 典故 | 《尔雅》里称罴长得像熊，有着白色的纹理，长脖子，高脚，会像人一样站立。罴勇猛憨厚，力量非常大，能拔掉树木甚至会攻击人。
古人以"罴"比喻勇士或雄师劲旅，有时也指帝王得贤辅或生男之兆；或者比喻贪财的人。"熊罴百万"这个成语是说勇猛的武士成千上万，形容军队人多将广，英勇善战。 |

白翰

bái

hàn

简介 白翰即白雉，是长着白色羽毛的野鸡，又叫白鹇，长栖息于高山竹林间。雄性白雉的上体和两翼白色，尾长，中央尾羽纯白。

原典 《山海经·西山经》其上多桃枝、钩端，兽多犀、兕、熊、罴，鸟多白翰、赤鷩。

嚣
xiāo

简介 一种野兽，形貌与人相似，古人认为
是猕猴。

原典 《山海经·西山经》有兽焉，其状如
禺而长臂，善投，其名曰嚣。

鲨䰷鱼

rá
pí
yú

第四章

奇异图鉴

简介	鲨䰷鱼生活在滥水中。这种鱼形状像倒扣着的铫，长着鸟一样的脑袋、鱼鳍和鱼尾巴，叫声像敲击磐石的响声，它的体内能生长珠玉。
原典	《山海经·西山经》滥水出于其西，西流注于汉水，多鲨䰷之鱼，其状如覆铫，鸟首而鱼翼鱼尾，音如磐石之声，是生珠玉。
典故	在《山海经图赞》中郭璞说这种鱼形状像倒扣着的铫，外表如石苞玉而体内有珠，特别奇特。

192

犎 mǐn

简介

黄山中有一种野兽，形状像普通的牛，却长着青黑色的皮毛和大大的眼睛，名叫犎。

原典

《山海经·西山经》有兽焉，其状如牛，而苍黑大目，其名曰犎。

典故

《玉篇》《集韵》等古籍都有描述，称犎是一种生活在黄山中的苍黑色牛型兽。

193

鹦
鹉

yīng

wǔ

简介 鹦鹉的外形像猫头鹰，长着青色的羽毛、红色的嘴，舌头跟人的相似，会说话。

原典 《山海经·西山经》有鸟焉，其状如鸮，青羽赤喙，人舌能言，名曰鹦鹉。

典故 鹦鹉就是鹦鹉。
唐玄宗开元年间，岭南进献了一只白鹦鹉。养在皇宫里的时间长了，鹦鹉显得很聪明，能理解人的话语。宫里的人，甚至贵妃，全都称呼鹦鹉为"雪衣娘"。一天早晨，雪衣娘飞到贵妃的镜台上，说道："雪衣娘昨天夜里梦见被老鹰捉住，我的性命就要结束了吗？"皇上让贵妃教它念《心经》。它记得特别熟练，昼夜不停地念，像是害怕遭受灾祸，进行祈祷以求免灾。一天，鹦鹉在宫殿的栏杆上飞来飞去，突然一只鹰飞来，捕杀了鹦鹉。皇上和贵妃为它叹息许久，命人把鹦鹉埋在御花园中，还立起一座鹦鹉的坟墓。

194

麢 líng

简介　翠山的北面生活着许多旄牛、麢和香獐子。

原典　《山海经·西山经》又西二百里，曰翠山，其上多棕枬，其下多竹箭，其阳多黄金、玉，其阴多旄牛、麢、麝。

典故　麢，古同"羚"。《玉篇》记载："麢羊也，角入药。"郭璞注解《尔雅·释兽》时说："麢羊，似羊而大，角圆锐，好在山崖间。"《埤雅·释兽》对"麢"的解释为："似羊而大，角有圆蹙绕文，夜则悬角木上以防患。"

195

麝

shè

简介

麝又叫香獐子。形体像獐，比獐略小，黑色，居住在翠山的北面。

原典

《山海经·西山经》又西二百里，曰翠山，其上多棕枏，其下多竹箭，其阳多黄金、玉，其阴多旄牛、麢、麝。

典故

麝居住在山中，常吃柏树叶，也吃蛇。五月时获得麝香，往往麝香中含有蛇皮骨。主治辟恶气，杀鬼精物，除三虫蛊毒和温疟惊痫。长期服用可除邪，不做噩梦。还可治各种凶邪鬼气。

第四章

奇异图鉴

196

白 bái
豪 háo

简介	白豪就是白色的豪猪。
原典	《山海经·西山经》又西二百里，曰鹿台之山，其上多白玉，其下多银，其兽多㸲牛、羬羊、白豪。
典故	白豪与竹山的豪彘类似，也是豪猪的一种，因它的毛是白色的，所以称白豪。

197

麋
mí

西皇山的南面有很多金，北面有很多铁，山中野兽多是麋鹿、㸲牛。

原典

《山海经·西山经》又西三百五十里，曰西皇之山，其阳多金，其阴多铁，其兽多麋鹿、㸲牛。

典故

麋，又称麋鹿。它的犄角像鹿，面部像马，蹄子像牛，尾巴像驴，但整体看上去似鹿非鹿，似马非马，似牛非牛，似驴非驴，故获得"四不像"的美名。《封神榜》中姜太公的坐骑即为"四不像"，给这种珍稀动物增添了神秘色彩。

第四章

S

奇异图鉴

一九三

198

举父

jǔ

fù

简介

举父的样子像猕猴，手臂上有花纹，尾巴和豹子的尾巴相似，善于投掷，有抚摸自己头的习惯。据说虎豹都害怕它。

原典

《山海经·西山经》有兽焉，其状如禺而文臂，豹尾而善投，名曰举父。

典故

郭璞注："举父或作夸父。"郝懿行云："举与夸声近，故或作夸父。"《山海经》中屡有应龙"杀蚩尤与夸父"的记叙，从中可知夸父为一巨人部族名，追日的夸父可能只是此族的一员。而《列子·汤问篇》将夸父逐日的故事扩展为"弃其杖，尸膏肉所浸，生邓林，邓林弥广数千里焉"，补充、丰富了神话的内容。

蠃母

luǒ

mǔ

简介 "蠃"同"螺",蠃母即螺蛳一类的生物。

原典 《山海经·西山经》丘时之水出焉,
而北流注于渤水。其中多蠃母。

简介	鹑鸟是专门负责管理天帝各种服饰的神鸟。
原典	《山海经·西山经》有鸟焉，其名曰鹑鸟，是司帝之百服。
典故	《禽经》上说，鹑鸟就是赤凤。《埤雅》说鹑鸟性情淳厚，飞时一定会归附着草，行走的时候不越出草，遇到草横前即绕开。

200

鹑鸟

chún

niǎo

鳎鱼

huá

yū

| 简介 | 鳎鱼，状如蛇，四足，吃鱼，在桃水出没。 |

简介　鳎鱼，状如蛇，四足，吃鱼，
在桃水出没。

原典　《山海经·西山经》桃水出焉，西流注于稷泽，
是多白玉。其中多鳎鱼，其状如蛇而四足，是食鱼。

典故　《山海经·东山经》里也提到了鳎鱼，这种鱼形体与一般的
鱼相似，却长着鸟一样的翅膀，出入水中时会闪闪发光，发
出的叫声如同鸳鸯鸣叫，它的出现预示着那里要发生大旱
灾。现今太平洋、印度洋和大西洋以及中国内的
临近海域地区有一种"飞鱼"
属银汉鱼目，飞鱼科，
以"能飞"而著名。

第四章

奇异图鉴

202

狰
zhēng

简介　狰，声音如击石般铿锵，脸部
中央长出一只角，有五条尾巴，
全身赤红，身形似豹。

原典　《山海经·西山经》有兽焉，其状如赤豹，
五尾一角，其音如击石，其名如狰。

203

江疑

jiāng

yí

| 简介 | 江疑，符惕山上的神仙，性格怪异。 |

| 原典 | 《山海经·西山经》又西二百里，曰符惕之山。其上多棕楠，下多金玉。神江疑居之。 |

| 典故 | 天神江疑就居住在符惕山上，此山常常会下怪雨，风和云就是从这里兴起的。 |

204

三青鸟

sān

qīng

niǎo

简介 三青鸟是中国古代神话中的神鸟，色泽亮丽、体态轻盈。传说三青鸟是女神西王母的使者，共三只，栖居于三危山。

原典 《山海经·西山经》又西二百二十里，曰三危之山，三青鸟居之。

典故 三青鸟是具有神性的吉祥之物，汉代画像砖上常见于西王母座侧。《博物志》中汉武帝求仙的故事就有三青鸟的身影。据说，汉武帝爱好仙道，祭祀名山大泽来求神仙之道。西王母乘紫云车前来见汉武帝时，三青鸟就侍奉在西王母身边。

鸱 chī

简介	三危山中有一种鸟，长着一个脑袋、三个身子，形状与鸱鸟相似，它的名字叫鸱。
原典	《山海经·西山经》有鸟焉，一首而三身，其状如鸱，其名曰鸱。
典故	《酉阳杂俎》上说，鹛鸟每生三个雏鸟其中便有一个是鸱。传说鸱鸟不喝泉水和井水，只有遇上下雨沾湿了翅膀，才能饮到水。 唐肃宗时张皇后专权，常常把鸱鸟的脑子和在酒中呈给肃宗，喝了这种酒人会长时间醉酒并健忘。

206

白 bái

鹿 lù

简介 | 上申山上不长草木，却有很多大的石头，山下长着很多榛和楛，山里的野兽多是白鹿。

原典 | 《山海经·西山经》又北百二十里，曰上申之山，上无草木，而多硌石，下多榛楛，兽多白鹿。

典故 | 白鹿自古有着丰神圣的韵味，多是传说中神仙的坐骑，也有传说老子曾经将白鹿当作坐骑。《濑乡记》云："老子乘白鹿，下托于李母也。"
《述异记》有记载，鹿活千年变成苍鹿，苍鹿再活五百年变成白鹿，白鹿再活五百年变成黑鹿。余干县有一头白鹿，当地人传说它已经一千岁了。晋成帝派人捉到它，发现它的角后有一块刻字的铜牌。根据这块铜牌上的信息，人们才知道这头鹿是宝鼎二年临江所献的苍鹿，现在已经变成了白鹿。

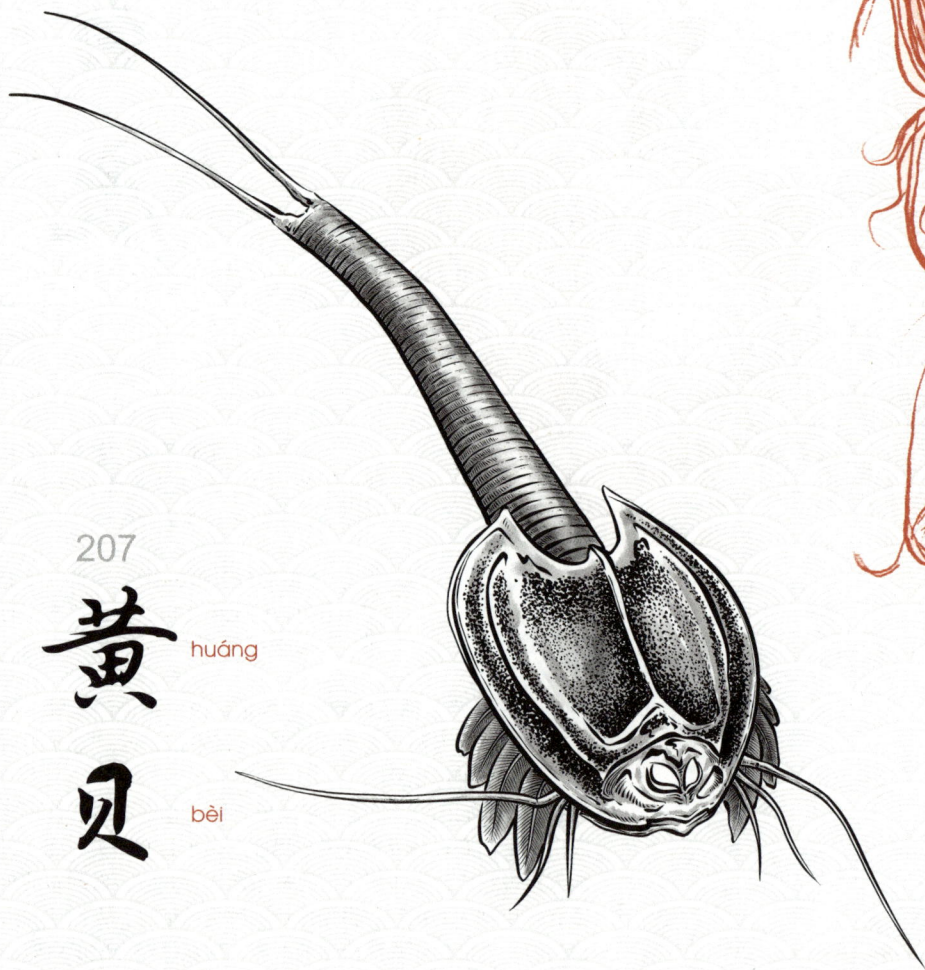
简介　黄贝，即黄色的贝类。

原典　《山海经·西山经》蒙水出焉，南流
注于洋水，其中多黄贝、嬴鱼。

典故　郭璞称黄贝是一种像甲虫一样的生
物，形态像蝌蚪，但有头有尾。

207

黄 huáng

贝 bèi

水马

shuǐ

mǎ

简介 水马生活在滑水中，长得像马，前腿有花纹，尾巴像牛尾，发出声音时像有人在大声疾呼。

原典 《山海经·北山经》其中多水马，其状如马，文臂牛尾，其音如呼。

典故 传说古时候山西忻州有匹水马为患当地，人们没有办法驱除。有一日来了两个南方人，俩人身材伟岸、相貌奇伟，答应为百姓除去水马之患。俩人随当地人来到煞水崖深潭边，一人下潭捉水马，另一人在岸边守候。不一会儿，只见水中击浪翻滚，那人与水马在潭中时隐时现，搏击厮杀，岸上围观之人无不骇然。这场激搏持续了三天三夜才停止，而满潭的水也几乎变成了血色。那人与水马搏斗后无力逃出，最后没入水中不见了。又过了好久，水里再也没有什么动静了。人们只好叹息着散去，从此，当地再也没有出现过水马，百姓得以安居乐业，繁衍生息。

209

蕃鸟

fān

niǎo

简介　何鸟不详，也有人认为可能是猫头鹰之类的鸟。

原典　《山海经·北山经》其上多松柏，其下多棕橿，其兽多麢羊，其鸟多蕃。

210

旄 _{máo}

牛 _{niú}

第四章

奇异图鉴

简介 旄牛外形像一般的牛，但四肢关节上都长着长长的毛。

原典 《山海经·北山经》有兽焉，其状如牛，而四节生毛，名曰旄牛。

211

孟极

mèng

jí

石者山中有一种野兽，形状如豹，额头上有
花纹，周身都是白色的，它的名字叫孟极。
这种兽善于潜伏隐藏，它发出的叫声像是在
喊自己的名字。

原典

《山海经·北山经》有兽焉，其状如豹，而
文题白身，名曰孟极，是善伏，其鸣自呼。

简介 幽鹌的外形似猿猴，
身上长满了花纹，吼叫时的声音就像在
自呼其名。幽鹌喜欢笑，一看见人就爱耍小聪明，
倒地装睡。

原典 《山海经·北山经》有兽焉，其状如禺而文身，
善笑，见人则卧，名曰幽鹌，其鸣自呼。

典故 《山海经图赞》里称幽鹌长得像猴子，有点机灵，
碰到物体就会大笑，见到人会假装睡着。

212

幽 yōu

鹌 yàn

213

足訾

zú

zī

简介 足訾，外形像猿猴却长着鬣毛，有牛一样的尾巴，长满花纹的双臂，马一样的蹄子，一看见人就呼叫。

原典 《山海经·北山经》有兽焉，其状如禺而有鬣，牛尾、文臂、马蹄，见人则呼，名曰足訾，其鸣自呼。

山海经

神怪大全

二一〇

214

诸犍

zhū

jiān

简介　诸犍是单张山上的一种野兽，外形像豹子，尾巴长，长着人头牛耳，只有一只眼睛。

原典　《山海经·北山经》有兽焉，其状如豹而长尾，人首而牛耳，一目，名曰诸犍，善吒，行则衔其尾，居则蟠其尾。

典故　据说诸犍的尾巴很长，行走的时候需要咬着自己的尾巴。

215

那父

nà

fù

简介 那父，生活在灌题山上的一种野兽，样子像牛，尾巴是白色的，其叫声有如人在呼唤。

原典 《山海经·北山经》有兽焉，其状如牛而白尾，其音如讠身，名曰那父。

216

𬳿斯

sǒng

sī

简介 𬳿斯形体像一般的雌野鸡，长着人的面孔，一看见人就跳跃。鸣叫的声音便是自身名字的读音。

原典 《山海经·北山经》有鸟焉，其状如雌雉而人面，见人则跃，名曰𬳿斯，其鸣自呼也。

典故 𬳿斯是人面雉，也就是长了人面的野鸡。它身披斑斓绚丽的羽毛，潇洒地振翅，迈着轻盈的步履，行走的时候会衔着自己的尾巴，在山野间发出清脆的叫声。一般而言，雉鸡寓意着大吉大利。

长 cháng
蛇 shé

简介　长蛇身上长着像野猪一样的豪毛，声音就像敲鼓打梆子一样洪亮。

原典　《山海经·北山经》有蛇名曰长蛇，其毛如彘豪，其音如鼓柝。

典故　根据其体型和名字，很多人猜测这种蛇其实就是《山海经》里写的另一种蛇——修蛇。修蛇是一种巨蛇。《淮南子·本经训》中说，帝尧在位的时候，十个太阳并出，晒焦了庄稼和草木，修蛇等六种怪兽凶禽也出来危害人民。尧派神箭手羿除掉了这六种祸害，把十个太阳射掉了九个。修蛇是在洞庭被后羿射死的。

赤鲑
chì
guī

简介 昆仑山的东北角有一处渤泽，实际上就是黄河的源头。水中有很多赤鲑。

原典 《山海经·北山经》出于昆仑之东北隅，实惟河原。其中多赤鲑。

典故 赤鲑也称河豚。历史上有"苏东坡冒死吃河豚"的故事。

一次，苏东坡的朋友得到一条河豚，仔细洗净，精心烹制后，请苏东坡来品尝。因是初次烹制河豚，朋友的家人不敢先食，都躲在屏风后，希望能听到美食家苏东坡的评价。河豚端上桌，苏东坡二话不说拿起筷子大吃起来，室内只听得到咀嚼之声，过了好久都没有听到评论。大家心怀失望正欲退下，只听苏东坡长吟一声："也值一死了！"苏东坡为吃河豚甘以生命冒险，成为后来食客的榜样。

219

狍 _{yǎo}

简介 狍外形像豹子，
头上有斑纹。

原典 《山海经·北山经》有兽焉，
其状如豹而文首，名曰狍。

220

闾麋

lǘ

mí

简介	闾麋是一种与麋鹿相似的动物，生活在县雍山上。

| 原典 | 《山海经·北山经》又北五十里，曰县雍之山，其上多玉，其下多铜，其兽多闾麋。 |

䮝马

bó

mǎ

简介 䮝马的形象如同传说中的独角兽，是一种生活在墩头山上的野兽，长着牛的尾巴，浑身如同白玉一般，独角，叫声如同人在呼喊。

原典 《山海经·北山经》其中多䮝马，牛尾而白身，一角，其音如呼。

222

简介 独狕的外形像一般的老虎，却长着狗脑袋、马尾巴、猪鬃毛，身子是白色的。

原典 《山海经·北山经》有兽焉，其状如虎，而白身犬首，马尾彘鬣，名曰独狕。

典故 独狕看起来就像是各种动物的大杂烩。不过从它的狗头来看，应该是类似于犬科的一种动物。

猜测独狕应该是棕鬣狗，棕鬣狗又名褐鬣狗，也是鬣狗家族的一员，它们的身上有横行的棕褐色与白色相间的条纹，非常像老虎。

它们体毛很长，粗糙而蓬松，从颈背部至臀部都有发达的鬣毛，在激动时能高高耸起，好像体型突然变大了一样。这一点非常像野猪的鬣毛。

223

居暨

jū

jì

简介 居暨的外形像老鼠，浑身长着和刺猬一样的刺，颜色是红的，它发出的声音如同小猪叫。

原典 《山海经·北山经》其兽多居暨，其状如彙而赤毛，其音如豚。

224

飞 fēi

鼠 shǔ

简介	飞鼠的外形像兔子，却长着老鼠的头，它用背飞行，名叫飞鼠。
原典	《山海经·北山经》有兽焉，其状如兔而鼠首，以其背飞，其名曰飞鼠。
典故	《山海经》中记载的飞鼠与现代的飞鼠相似。飞鼠又名鼯鼠，体侧具皮质飞膜，能借以滑翔，尾为体长的三分之二。

225

象蛇

xiàng

shé

简介　象蛇是一种像雌性野鸡的鸟，有五彩的花纹，雌雄同体，发出的叫声和自己的名字一样。

原典　《山海经·北山经》有鸟焉，其状如雌雉，而五采以文，是自为牝牡，名曰象蛇，其鸣自詨。

白 bái

蛇 shé

简介 在民间传说中，白蛇很多时候都是灵兽，非妖即仙。

原典 《山海经·北山经》又北三百里，曰神囷之山，其上有文石，其下有白蛇，有飞虫。

典故 关于白蛇的民间故事，最著名的当属《白蛇传》了。除了《白蛇传》的经典传说，唐代传奇《博异志》中也有一个关于白蛇的故事：陇西男子李黄在长安东市偶遇一孀居的白衣女子，这名女子容色绝代，因服丧期满，欲购吉服。李黄借钱给她，女子便邀请李黄到她家去取钱。后又邀李黄小住，一青衣老女郎，自称是白衣女子之姨，她与李商定，若能代白衣女子偿还三十千负债，白衣女子愿意服侍左右。李同意，与白衣女子同居三日而还，回家后但觉满身腥气、头重脚轻、卧床不起。家人大惊，急忙去寻找白衣女子，但已人去楼空，树上下各挂十五千钱，问邻居说常常见到一巨型白蛇出入树下。

第四章

奇异图鉴

227

黾
měng

| 简介 | 黾是一种小型的蛙类，呈青色。 |

| 原典 | 《山海经·北山经》洧水出焉，而东流注于河，其中有鳛、黾。 |

| 典故 | 《说文解字》曰："黾，鼃黾也。""鼃"是蛙的古字。意思是，黾就是蛙。
壮族地区有许多关于青蛙的神话传说和民间歌谣，现在仍有许多与青蛙崇拜有关的节日和习俗，其中最著名的是每年在广西东兰、巴马、凤山和广西沿鸭河一带的水蛭祭。一般来说，壮族人称青蛙为"蚂虫另"，但在祭祀仪式上，人们称青蛙为"蛙婆"。 |

山海经

神怪大全

二二四

228

鱯 hù

简介 鱯长得凶猛。它喜欢住在水底的淤泥或石缝里，用嘴边的长胡须探测路过的生物。它有好几圈牙齿，虽然细小，却非常尖利，能轻松地咬碎食物。

原典 《山海经·北山经》洧水出焉，而东流注于河，其中有鱯、黾。

简介 㻌㻌是独角独目的奇兽，它的样子像羊，目在耳后，其叫声有如呼唤自己的名字。

原典 《山海经·北山经》有兽焉，其状如羊，一角一目，目在耳后，其名曰㻌㻌，其鸣自讠川。

典故 关于㻌㻌的说法有两种：其一说㻌㻌是吉祥之兽，它出现的当年就会获得丰收。其二说㻌㻌是兆凶之兽，一出现皇宫中便会发生祸乱。

229

㻌㻌

dòng

dòng

230

橐驼
tuó tuó

简介 橐驼就是骆驼。根据《山海经》的描写，
橐驼生活在虢山和在饶山。

原典 《山海经·北山经》又北山行五百里，水行五百里，至于饶山。
是无草木，多瑶碧，其兽多橐驼，其鸟多鹠。

典故 骆驼善于在流沙之中行走，有沙漠之舟的美誉。《博物志》就有记载，敦
煌以西，再往外国去，要穿过一千多里的沙漠，一路上没有水，只有水流
暗潜的地方，人们看不出来。而骆驼知道水的脉络，路过有水脉的地方，
骆驼就会停下，用脚踏地。人们在它踏的地方往下挖，就能挖出水来。

鹠

liú

简介	鹠就是鸺鹠，是鸱鸮科的一种猛禽。
原典	《山海经·北山经》是无草木，多瑶碧，其兽多 橐驼，其鸟多鹠。
典故	《岭表录异》中说，鸺鹠是鬼车一类的妖鸟，白 天什么都看不见，只在夜间活动。有的鸺鹠喜欢 吃人的指甲，然后就能知道人的吉凶，有凶信的 就在他家的屋子上鸣叫，预示那家将有灾祸。

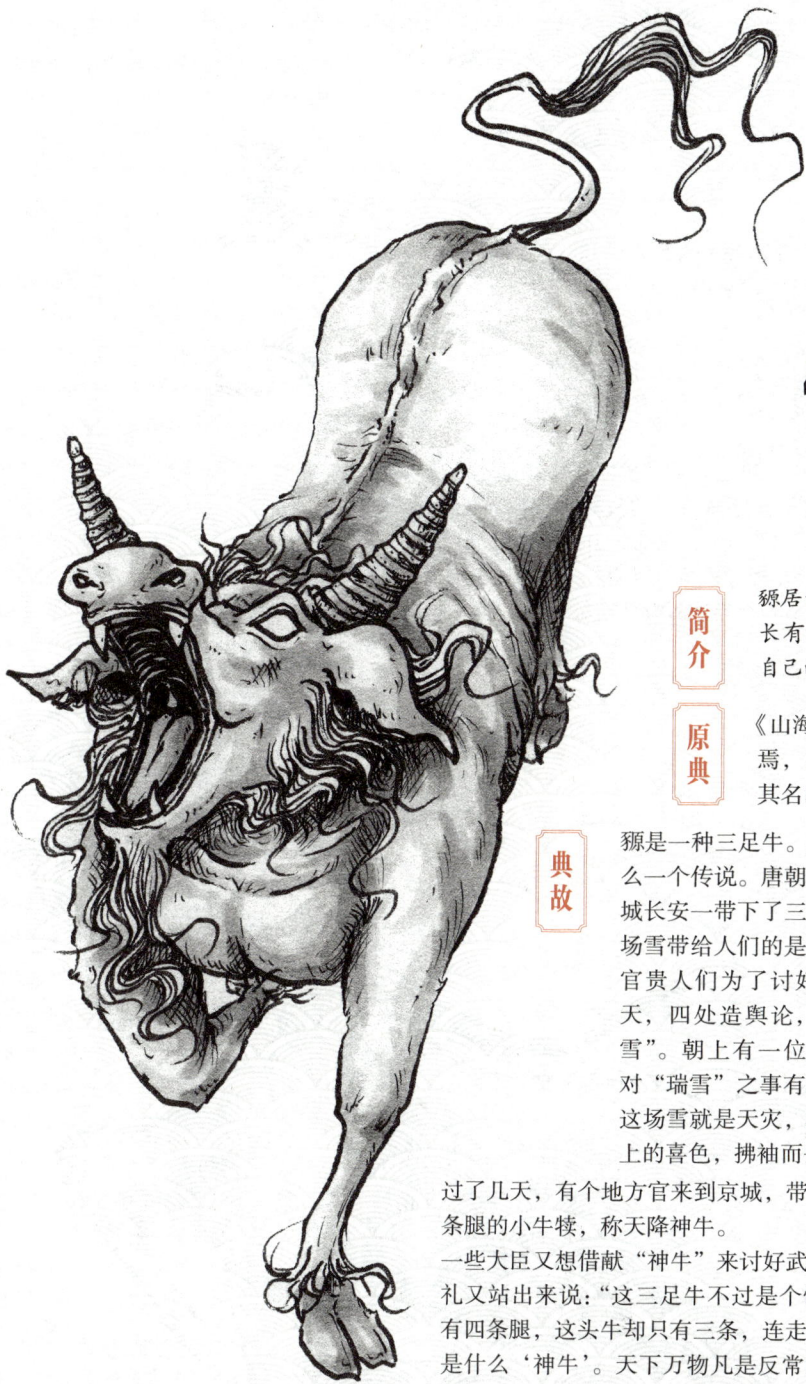

232

貆 huán

简介 貆居于乾山，其状如牛，长有三足，它的叫声像自己的名字一样。

原典 《山海经·北山经》有兽焉，其状如牛而三足，其名曰貆，其鸣自詨。

典故 貆是一种三足牛。关于三足牛，有这么一个传说。唐朝大足元年三月，京城长安一带下了三天三夜的雪，可这场雪带给人们的是无端的灾难。但达官贵人们为了讨好当时执政的武则天，四处造舆论，说这是一场"瑞雪"。朝上有一位直臣——王求礼，对"瑞雪"之事有不同的看法，觉得这场雪就是天灾，武则天听后一扫脸上的喜色，拂袖而去。

过了几天，有个地方官来到京城，带来了一头只长了三条腿的小牛犊，称天降神牛。

一些大臣又想借献"神牛"来讨好武则天。这一次王求礼又站出来说："这三足牛不过是个怪胎！牛本来应该有四条腿，这头牛却只有三条，连走路都走不好，还说是什么'神牛'。天下万物凡是反常的，都是妖邪，现在出现了这头三足牛，只能说明我们为政施教有不妥当的地方，上天不满意，才降下这怪物来警告啊！"

那些大臣怕王求礼又在武则天面前驳斥他们，只好放弃了上表庆贺的打算。

羆九

羆九生活在伦山中，形体像麋鹿，肛门长在尾巴上面。

《山海经·北山经》有兽焉，其状如麋，其州在尾上，其名曰羆九。

郭璞在《山海经图赞》中说："窍生尾上，号曰羆九。"也就是说羆九的肛门长在尾巴上。

《儒林外史》第三八回"郭孝子深山遇虎，甘露僧狭路逢仇"的故事中提道："郭孝子举眼一看，只见前面山上蹲着一个异兽，头上一只角，只有一只眼睛，却生在耳后，那异兽名为'羆九'。"

从 cóng

从 cóng

简介	从从的外形像一般的狗，却长着六只脚，发出的叫声就是自己的名字。
原典	《山海经·东山经》有兽焉，其状如犬，六足，其名曰从从，其鸣自诮。
典故	从从作为兽王，除了六足以外，还有一个显著的标志，即尾长于身，一丈有余，拖在身后就像一条神鞭，胆敢有违逆冒犯者，一尾巴甩过去就能将其划为两段。

第四章

奇异图鉴

235

鳡
鱼

gǎn

yú

鳡鱼，即竿鱼，性情凶猛，擅捕食各种鱼类。

原典 《山海经·东山经》姑儿之水出焉，北流注于海，其中多鳡鱼。

典故 《本草纲目》中称鳡鱼生在江湖中，体型似鲤而腹平，头像鮌鱼但口大，颊似鲇鱼但颜色发黄，鳞似鳟鱼但更小一些，体型大的有三四十斤。

山海经 | 神怪大全

二三二

236

狪 tóng

狪 tóng

简介	狪狪的外形像野猪，体内含珠，叫声即为自己的名字。
原典	《山海经·东山经》有兽焉，其状如豚而有珠，名曰狪狪，其鸣自讪。
典故	郭璞在《山海经图赞》中说，蚌可以含珠，狪狪这种异兽也身体含珠。郭璞还认为，狪狪长得像猪，身体呈褐色，带祸在身。

第四章

奇异图鉴

二三三

237

媭胡

yuàn

hú

简介 媭胡是尸胡山中的一种野兽，样子
像麋鹿，长着一对鱼眼，叫声像是
呼唤自己的名字。

原典 《山海经·东山经》有兽焉，其状如
麋而鱼目，名曰媭胡，其鸣自训。

山海经

神怪大全

二三四

鳙鳙鱼

yōng
yōng
yú

简介 一种形状像犁牛，发出的声音如同猪叫的鱼。

原典 《山海经·东山经》而东北流注于海。其中多鳙鳙之鱼，其状如犁牛，其音如彘鸣。

239

鮇鱼

mèi

yú

简介 鮇鱼，即鯀鱼，也称嘉鱼，为淡水中鲑科鱼类的一种。

原典 《山海经·东山经》是山也，广员百里，多鮇鱼。

典故 郭璞说鮇鱼就是鯀鱼，而《蠕范》中说鯀鱼又称拙鱼、嘉鱼、丙穴鱼。这种鱼的头上有黑点，身长、鳞片很细，肉色犹如白玉。

鱣鱼

zhān

yú

简介　鱣鱼也称鲟鱼、鳇鱼。体长约2米，大者可长达5米以上。头略呈三角形，吻长而较尖锐，前端略向上翘。口宽大，弧形下位，前方有吻须两对。眼小，距吻端较近。左右鳃膜彼此相连，并向腹面伸展。

原典　《山海经·东山经》其上有水出焉，名曰碧阳，其中多鱣鲔。

典故　中国有"鱼跃龙门"的传说，在现实生活中，鲟鱼也有"跃龙门"的行为，用现代科学可以解释。鲟鱼腾跃龙门不是为了成龙，而是为了繁衍后代。有研究表明鲟鱼产卵"多在江河上游，水温较低，流速较大，流态复杂，河道宽窄相间并具石砾底质的急滩地带"。而山、陕两省交界处的龙门一带正具有以上地貌特征，因而龙门成为鲟鱼云集产卵的一个理想场所。

蠵龟

xī

guī

简介	蠵龟在现代一般指红海龟。红海龟体长 100～200 厘米，体重约为 100 千克。头较大，宽约 15 厘米；上、下颌均有极强的钩状喙；头部背面具有对称的鳞片，成体背部无棱。
原典	《山海经·东山经》有水焉，广员四十里皆涌，其名曰深泽，其中多蠵龟。
典故	根据《说文解字》：蠵，是一种大龟，而且是所有乌龟中最大的一种。用腹部鸣叫。而郭璞则认为，蠵龟出自涪陵郡，其龟壳上有花纹，外形酷似玳瑁，但比玳瑁要薄。

鲌鲌鱼

gé

gé

yú

简介 鲌鲌鱼身虽像鲤鱼，但长着六只脚和鸟类的尾巴，叫声如同在叫自己的名字。鲌鲌鱼有超级潜水功能，可以无限度在水中深潜。

原典 《山海经·东山经》有鱼焉，其状如鲤，而六足鸟尾，名曰鲌鲌之鱼，其名自讪。

典故 《山海经图赞》中提到，鲌鲌鱼很善于潜水，可以无限度在水中深潜。

精精 jīng jīng

简介　精精形状像一般的牛，却长着马一样的尾巴，发出的叫声像是在叫自己的名字。

原典　《山海经·东山经》有兽焉，其状如牛而马尾，名曰精精，其鸣自叫。

典故　据说在明万历二十五年，扩仓得到一种辟邪异兽，其头上长着坚硬的双角，毛皮上布满鹿纹，还长有马尾牛蹄，当时很多人怀疑此兽就是精精。

244

鶡

hé

鶡又叫鹜鸡，黄黑色，勇敢好斗。

《山海经·中山经》中次二经济山之首，曰辉诸之山，其上多桑，其兽多闾麋，其鸟多鶡。

典故
古代有一种冠饰叫作鶡冠，又被称为"武士之冠"。鶡冠插有鶡毛，加双鶡尾，竖插两边。因为"鶡者勇雉也"之意，战国赵武灵王便用鶡冠来表彰勇者。

奇异图鉴

二四一

245

麔
yín

麔的形状与貉相似，
长着人一样的眼睛。

《山海经·中山经》有兽焉，
其状如貉而人目，其名曰麔。

246

犛牛

lí
niú

简介　犛牛是青藏高原为起源地的特产家畜。犛牛的叫声象猪鸣，所以又叫猪声牛。

原典　《山海经·中山经》东北百里，曰荆山，其阴多铁，其阳多赤金，其中多犛牛，多豹虎。

247

旋龟

xuán

guī

简介　旋龟，鸟首鳖尾，叫起来好像敲击木棒的声音。

原典　《山海经·中山经》豪水出焉，而南流注于洛；其中多旋龟，其状鸟首而鳖尾，其音如判木。

248

獦 jié

獦长得像发怒时的狗，身上有鳞片，毛像猪颈部的长毛。

《山海经·中山经》有兽焉，名曰獦，其状如獌犬而有鳞，其毛如彘鬣。

249

豹 bào

简介 猫科动物，因为其浑身布满圆形斑纹，所以又名金钱豹或花豹。

原典 《山海经·中山经》东北百里，曰荆山，其阴多铁，其阳多赤金，其中多犛牛，多豹虎。

250

麈 zhǔ

简介

麈是鹿一类的动物，其尾可做拂尘。

原典

《山海经·中山经》又东北三百五十里，曰纶山，其木多梓、枬，多桃枝，多㮤、橘、櫾，其兽多闾麈、麢、臭。

251

帝 dì
女 nǚ
桑 sāng

简介

南方赤帝的女儿得道成仙后，居住在宣山的桑树上，赤帝点火焚烧桑树，其女便升天而去，此桑于是称为帝女桑。

原典

《山海经·中山经》其上有桑焉，大五十尺，其枝四衢，其叶大尺余，赤理黄华青柎，名曰帝女之桑。

山海经

神怪大全

| 简介 | 文鱼是金鱼的一种。 |

| 原典 | 《山海经·中山经》雎水出焉，东南流注于江，其中多丹粟，多文鱼。 |

| 典故 | 文鱼，在古代被当作观赏鱼。记载了扬州园亭奇观、风土人物的清代笔记《扬州画舫录》中描述了一座扬州别院饲养文鱼的情况："柳下置砂缸蓄鱼，有文鱼、蛋鱼、睡鱼、蝴蝶鱼、水晶鱼诸类。"据说，上等的文鱼会被选为用来上供，次一等的文鱼则多被游人当作土特产买走。 |

252

文鱼

wén

yú

鲛鱼

jiāo

yú

简介 再向东北一百里有座山，名叫荆山，漳水发源于此山，向东南流入睢水，水中有很多黄金，还有很多鲛鱼。

原典 《山海经·中山经》东北百里，曰荆山，漳水出焉，而东南流注于睢，其中多黄金，多鲛鱼，其兽多闾麋。

典故 耒阳县有芦苇塘，有人说塘中有鲛鱼，每隔五天变化一次，或变化成美丽的妇人，或变化成男子，还会变化成很多其他种类的生物。周围的村民都对鲛鱼有戒备，所以鲛鱼不敢存有害人之心，也不能有所谋划。后来天降雷电，将鲛鱼杀死，从此那片芦苇塘就干涸了。

254

鼍
tuó

围
wéi

简介 鼍围神就住在骄山中，
这位神的脸与人脸相似，
头上的角像羊角，爪子
跟虎爪相似，常常在淮
水和漳水的深潭中巡游，
出入时身上闪闪发光。

原典 《山海经·中山经》神鼍
围处之，其状如人面而
羊角虎爪，恒游于睢漳
之渊，出入有光。

255

麂 jǐ

简介 麂是一种小型鹿类。体长80～100厘米，肩高40～60厘米，体重15～30千克。雄性有小角，且有发达的上犬齿。

原典 《山海经·中山经》又东北百二十里，曰女几之山，其上多玉，其下多黄金，其兽多豹虎，多闾麋、麖、麂，其鸟多白鷮，多翟，多鸩。

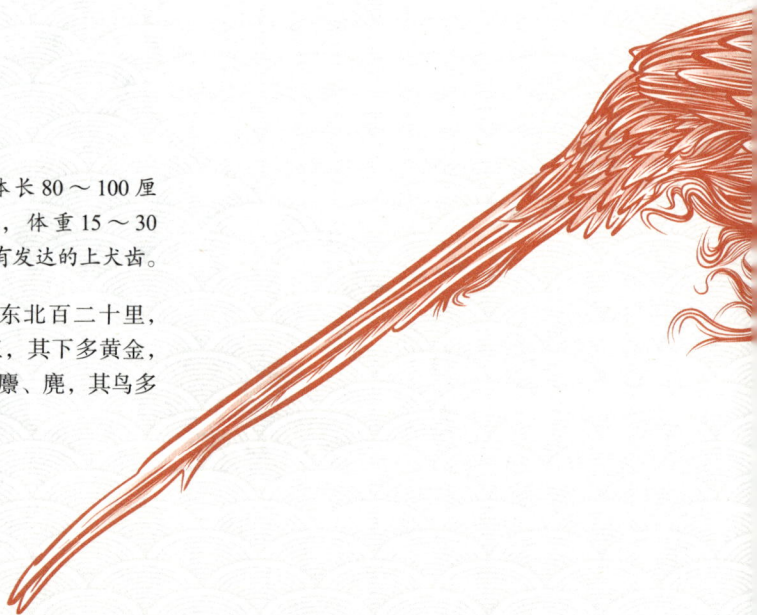

256

洞庭怪神

dòng
tíng
guài
shén

简介 洞庭怪神居住在九江之间，具有操蛇、戴蛇的特征。

原典 《山海经·中山经》澧沅之风，交潇湘之渊，是在九江之间，出入必以飘风暴雨，是多怪神，状如人而载蛇。

257

白鵊

bái
jiāo

简介 白鵊即"鵁鶄"，一种像野鸡一样有较长尾羽的鸟，边飞边鸣叫。

原典 《山海经·中山经》又东北百二十里，曰女几之山，其上多玉，其下多黄金，其兽多豹虎，多闾麋、麖、麂，其鸟多白鵊，多翟，多鸩。

258

白犀

bái

xī

| 简介 | 白犀，就是白色的犀牛。 |

| 原典 | 《山海经·中山经》又东南二百里，曰琴鼓之山，其木多榖、柞、椒、柘；其上多白珉，其下多洗石；其兽多豕、鹿，多白犀；其鸟多鸩。 |

| 简介 | 古人常用白犀牛的尾毛来制作拂尘，叫作白犀麈，是一种昂贵的日常用品。 |

259

鸩

zhèn

传说鸩鸟是一种吃蛇的毒鸟，其体形大小和雕相当，羽毛紫绿色，颈部很长，喙是红色的。

原典

《山海经·中山经》又东南二百里，曰琴鼓之山，其木多穀、柞、椒、柘；其上多白珉，其下多洗石；其兽多豕、鹿，多白犀；其鸟多鸩。

简介

传说，邑州溪峒的深山中有鸩鸟，这种鸟有点像乌鸦，但是没有乌鸦大，黑身红眼，鸣叫的声音如同敲鼓时发出的声音。鸩鸟只以毒蛇为食，遇到毒蛇，它就会在毒蛇的洞外徘徊。凡是有鸩的山，草木都会枯萎。鸩落在石头上，石头也会崩裂。有人说，鸩在秋冬脱毛，人用银子做爪勾取鸩鸟羽毛，放在银瓶里，如果想害人，只需要放入一根在酒里，给人喝下，立刻就会死去。成语"饮鸩止渴"中的鸩，指的就是鸩鸟羽毛做成的毒酒。

第四章

奇异图鉴

260

良龟

liáng
guī

简介 良龟是品种优良的龟。

原典 《山海经·中山经》江水出焉，东北
流注于海，其中多良龟，多鼍。

261

涉蛊

shè
tuó

262

怪蛇

guài

shé

简介　怪蛇是生活在长江中的一种蛇。

原典　《山海经·中山经》江水出焉，东流注于大江，其中多怪蛇，多鳖鱼。

简介　传说中的神灵，长着方形面孔、三只脚。

原典　《山海经·中山经》又东北百五十里，曰岐山，其阳多赤金，其阴多白珉，其上多金玉，其下多青雘，其林多樗。神涉蟲处之，其状人身而方面三足。

263

鼍

tuó

简介 鼍是两栖爬行动物，有人猜测鼍是我国特有的扬子鳄，又称"猪婆龙"。

原典 《山海经·中山经》江水出焉，东北流注于海，其中多良龟，多鼍。

典故 周穆王出师东征，来到江西九江，因江河密布，行军受阻，于是下令大肆捕杀鼋、鼍，用以填河架桥，终于战胜了敌方。这就是"鼋鼍为梁"的典故。

264

蜼
wěi

简介　蜼是一种长尾猿。

原典　《山海经·中山经》其兽多犀、象、熊、罴，多猨、蜼。

典故　《尔雅》中称蜼似猕猴，但体型更大，全身黄黑色，尾巴长数尺，似獭，尾末有分叉，鼻子外露且向上。

人面三首神

rén
miàn
sān
shǒu
shén

简介　苦山、少室山、太室山中的三个
山神，形貌都是人面，三个脑袋。

原典　《山海经·中山经》苦山、少室、
太室皆冢也，其祠之：太牢之具，
婴以吉玉。其神状皆人面而三首。

266

飞 fēi

蛇 shé

简介	飞蛇就是螣蛇，也作腾蛇，是一种能够腾云驾雾的神兽。
原典	《山海经·中山经》又南九十里，曰柴桑之山，其上多银，其下多碧，多泠石、赭，其木多柳芑楮桑，其兽多麋鹿，多白蛇、飞蛇。
典故	据说，雄性的腾蛇鸣叫会呼出向上的风流，雌性的腾蛇鸣叫会呼出向下的风流。

267

鸜鸲

qú

yù

简介 鸜鸲也叫鸲鸲，俗名八哥。羽毛是黑色的，
头及背微呈绿色。据说把它的舌尖剪成圆形，它能学人说话。

原典 《山海经·中山经》又西二十里，曰又原之山，其阳多青雘，
其阴多铁，其鸟多鸜鸲。

典故 东晋时期，桓豁做荆州刺史时，他属下一参军养了只八哥。在五月五
日八哥被修剪了舌尖后，参军教它说话。很快这只八哥就能和人对话，
且擅长模仿人的语调和笑声，还把一个带鼻音的人的话学得丝毫不差。
当保管员偷了东西时，它就向主人告发。保管员便忌恨而杀害了它。
这个故事写出了八哥的灵慧可爱，也对它的被杀流露出了惋惜之情。

268

蛟 jiāo

简介 蛟是中国古代神话中的龙类。蛟有时被称为蛟龙，但其并非龙。蛟栖息在湖渊等聚水处，也会悄悄地隐居在离民家很远的池塘或河流的水底。

原典 《山海经·中山经》湍水出焉，东流注于济；贶水出焉，东南流注于汉，其中多蛟。

典故 《荆州记》中有这样一个故事：沔水底端有个隈潭，潭水极深，有蛟作乱。襄阳太守邓遐，拔出剑来，跳到水里与蛟搏斗。蛟绕着他的脚，邓遐勇猛非凡，挥剑把蛟斩成几段。后来此地就再没有蛟患。

婴勺

yīng

sháo

简介　婴勺的形状与喜鹊相似，长着红色的眼睛、红色的嘴巴、白色的身子，尾巴形状像勺子，它的鸣叫声就像是在呼叫自己的名字。

原典　《山海经·中山经》有鸟焉，其名曰婴勺，其状如鹊，赤目、赤喙、白身，其尾若勺，其鸣自呼。

270 **大鱼** dà yú

简介	澧水向东流入水，水中有许多大鱼。
原典	《山海经·中山经》澧水出焉，东流注于水，其中多大鱼。

271 **颉** xié

简介	瀙水向东南流入汝水，水中有许多娃娃鱼，还有许多蛟龙和颉。
原典	《山海经·中山经》瀙水出焉，东南流注于汝水，其中多人鱼，多蛟，多颉。

帝之二女

dì zhī èr nǚ

简介 帝之二女就是尧帝的两个女儿，她们就住在洞庭山中，常常到长江的深潭中游玩。由澧水和沅江吹来的风，交汇于湘江的深潭处，这里位于九条江河之间，她们出入时一定会伴有狂风暴雨。

原典 《山海经·中山经》帝之二女居之，是常游于江渊。澧沅之风，交潇湘之渊，是在九江之间，出入必以骤风暴雨。

典故 帝之二女就是娥皇、女英姐妹。《尚书·尧典》载，尧将二女嫁于舜。
相传娥皇、女英姐妹同嫁虞舜为妃。后舜出外巡游，死于苍梧。她们寻夫赶至南方潇、湘一带，泪洒竹林，染竹成斑，世人称这种竹子为"潇湘竹"。

273

结匈民

jié

xiōng

mín

第四章

奇异图鉴

简介 结匈国在《海外南经》所记载地区的西南部，其国人胸部的骨肉均向前突出。

原典 《山海经·海外南经》结匈国在其西南，其为人结匈。

典故 结匈国，又称作结胸国，是《淮南子》所记海外三十六国之一，其民称作结胸民，其人的前胸都突起一大块，像是男人的喉结。

274

羽民

yǔ

mín

简介 | 羽民国位于比翼鸟栖息之地的
东南面，这个国家的人都长着长长的
脑袋，全身长满羽毛。还有一种说法，
那里的人都长着长长的脸颊。

原典 | 《山海经·海外南经》羽民国在其东南，
其为人长头，身生羽。一曰在比翼鸟东南，
其为人长颊。

原典 | 羽民国，是《淮南子》所记海外三十六国之一，根据《淮
南子》的记载，其国人脑袋与脸颊狭长、白头发、红眼睛，
长着鸟的尖喙，卵生，背上长着一对翅膀，能飞却飞不远。
《博物志·外国》说：羽民有翅膀，只是飞不远，这个国家
离九嶷山四万三千里远，周边多鸾鸟，羽民吃鸾鸟的蛋。

谨头国在毕方鸟栖息之地的南面，国中之人长着人脸，身上长有翅膀，长着鸟一样的嘴，正在捕鱼。还有种说法是谨头国在毕方鸟栖息之地的东面。有人说谨头国就是谨朱国。

《山海经·海外南经》谨头国在其南，其为人人面有翼，鸟喙，方捕鱼。一曰在毕方东。或曰谨朱国。

谨头国，又称作谨兜国、谨朱国，是《淮南子》所记海外三十六国之一。

谨头国是《淮南子》所记海外三十六国之一。

郭璞认为谨兜是尧帝的罪臣，自己跳入南海身亡。帝怜悯他，让他的儿子住在南海祭祀他。《博物志》中说谨头民像仙人，由帝尧掌管。

275

谨 huān
头 tóu
民 mín

276

厌 yàn

火 huǒ

民 mín

厌火国在谨头国的南面，该国之人长着兽一样的身子，全身黑色，能从口中吐出火来。一说厌火国在谨朱国的东面。

《山海经·海外南经》厌火国在其南，其为人兽身黑色，火出其口中。一曰在谨朱东。

《本草集解》中说："南方有厌火之民与食火之兽，这个国度靠近黑昆仑，人能食火炭。"

《博物志》记录了一个厌光国："厌光国的人口中能出火光，身形像猿猴，肤色黑。""光"即"火"，所以这个厌光国民就是厌火民。

三苗人

sān
miáo
rén

简介

三苗国，也叫三毛国，位于赤水的东面。此国的人相互跟随而行。

原典

《山海经·海外南经》三苗国在赤水东，其为人相随。一曰三毛国。

典故

三苗是传说中黄帝至尧舜禹时代的古老民族，主要分布在长江中游以南。尧时，三苗曾作乱，尧发兵征讨，与其大战于丹水。三苗被击败，向尧俯首称臣，成为一方诸侯。后来尧帝让位于舜后，三苗首领不满舜帝，起兵叛乱，遭舜诛杀，三苗兵败后占据南海地域并建立三苗国。有学者认为，现代的苗族就是三苗的后裔。

载国民

dié

guó

mín

简介　载国在三苗国的东面，这个国家的人都是黄色皮肤，能用弓箭射蛇。一说载国在三毛国的东面。

原典　《山海经·海外南经》载国在其东，其为人黄，能操弓射蛇。一曰载国在三毛东。

贯 guàn

匈 xiōng

民 mín

简介　贯匈国，也叫穿胸国，位于载国的东边，国中之人胸部都有一个洞。还有一种说法，贯匈国在载国的东面。

原典　《山海经·海外南经》贯匈国在其东，其为人匈有窍。一曰在载国东。

原典　《异域志》中的穿胸国在盛海东面，那里的人胸部都有个洞。尊者不穿衣服，让地位低下的人用木头穿过胸腔的洞，抬着行走。

《博物志》中也有关于穿胸国的故事。据说，大禹王治理洪水时，在会稽召集天下各路诸侯，前来商议治水的事情，其他各路诸侯都来了，只有防风氏迟到了。大禹王很生气，依照法令，就把防风氏给砍头了。一次，大禹王驾着龙车巡视南方，路过防风氏的部落。防风氏的族人不忘旧仇，非常愤怒，两个防风氏的臣子要射杀大禹王，两只利箭只奔大禹王的心窝飞去。这时，天空中电闪雷鸣，突然刮起狂风，两条神龙伸出爪子，抓住了利箭。神龙又想去抓两个大臣，却被大禹阻止了。两个臣子见事情失败，料想不会有什么好下场，非常害怕，就当场用利刃刺透心脏而死。大禹王见到这个情景，很可怜他们，就拔去插在他们胸中的利刃，并用不死草将他们救活。从此以后，这个部落的人非常敬重大禹，大禹王就赏赐他们一个名字，叫"穿胸国"。

交胫民

jiāo

jīng

mín

简介 交胫国在贯匈国的东面，国人的两条小腿相互交叉。一说交胫国在贯匈国的东面。

原典 《山海经·海外南经》交胫国在其东，其为人交胫。一曰在穿匈东。

典故 交胫国是《淮南子》中所记海外三十六国之一，其国人被称为交胫民。《太平御览》中说交胫民身高四尺。

不死民

bù
sǐ
mín

简介 不死民位于交胫国的东面，该国的人全身是黑色的，长生不死。还有一种说法，不死民在贯匈国的东面。

原典 《山海经·海外南经》不死民在其东，其为人黑色，寿，不死。一曰在穿匈国东。

典故 《山海经图赞》说："有人生活在员丘之上。这里有红色的泉水驻年，有神木滋养生命。授予他们长久、没有完结的寿命。"

岐舌民

qí
shé
mín

简介 岐舌国，又被称作支舌国、反舌国，在不死民的东边。

原典 《山海经·海外南经》岐舌国在其东。一曰在不死民东。

典故 岐舌国是《淮南子》所记海外三十六国之一，其民称作反舌民，舌头倒着生，舌根在唇边，舌尖向喉咙生，他们说话只有自己能懂。

283

三首人

sān
shǒu
rén

简介 三首人又称三头民，居住在寿华之野的东面，该国的人长着一个身子、三个脑袋。还有一种说法，三首国在凿齿所在地的东边。

原典 《山海经·海外南经》三首国在其东，其为人一身三首。一曰在凿齿东。

典故 三首国是《淮南子》所记海外三十六国之一，其民称作三头民，一身三首。《子不语》有个三头人的故事。康熙年间有湖州客张氏兄弟三人出门在外，路上想要在一户人家投宿。只见这家的男子身高一丈多，颈上有三个头。说话时，男子的三个嘴巴一齐发出声音，清楚响亮，像是中州人口音。三头人叫来自己的妹妹为张氏三兄弟烧饭，妹妹应声而来，也长了三个头。妹妹对哥哥说："你们三兄弟中的老大可以长寿，另外两个兄弟恐怕会遭遇不测。"
张氏三兄弟吃完饭，三头人折了一根树枝给他们，说："可以根据这根树枝的日影来选择方向。一路上如果经过庙宇，可以投宿，但千万不可撞庙宇里的钟鼓。"张氏三兄弟听完就上路了。
隔了一天，三兄弟来到一座古庙歇脚，此时飞来一群乌鸦，俯冲而下企图啄三兄弟的头顶。张氏兄弟大怒，捡起地上石子就朝乌鸦投掷，不料误触了庙中的钟，响起了铿锵的钟声。顿时跳出两个夜叉，捉住两个弟弟吃掉了，老大则被一头大黑牛救了。老大逃脱险境，又走了几十天的路，才回到老家。

周zhōu饶ráo民mín

简介　周饶国，也叫焦侥国。"焦侥"和"周饶"都是"侏儒"的转声，意思是身材短小。周饶国位于三首国的东面，国中之人身材矮小，每个人都戴帽束带。

原典　《山海经·海外南经》周饶国在其东，其为人短小，冠带。一曰焦侥国在三首东。

典故　郭璞认为周饶民长三尺，在洞穴居住，他们机智灵巧，种植五谷。

285

长臂民

cháng bì mín

简介 长臂国在周饶国的东边，国中之人在水中捕鱼，左右两手各抓着一条鱼。

原典 《山海经·海外南经》长臂国在其东，捕鱼水中，两手各操一鱼。一曰在焦侥东，捕鱼海中。

典故 《山海经图赞》称长臂民双臂三尺长。

离朱

lí

zhū

山海经

神怪大全

离朱就是神话中的三足鸟，
外形与乌鸦相似。

原典

《山海经·海外南经》
一曰爰有熊、罴、文虎、蜼、
豹、离朱、鸱久、视肉、虖交。

原典

传说，黄帝在赤水之北游玩，登上了昆仑山，却
不慎丢失了玄珠。离朱"能视于百步之外，见秋
毫之末"，"察针末于百步之外"。于是黄帝便派离
朱前去寻找，遗憾的是，离朱并没有找回玄珠。

287

视 shì

肉 ròu

视肉，传说中的怪兽，形如牛肝，有眼睛，割去它的肉可以重新生长出来。

《山海经·海外南经》狄山，帝尧葬于阳，帝喾葬于阴。爰有熊、罴、文虎、蜼、豹、离朱、鸱久、视肉。

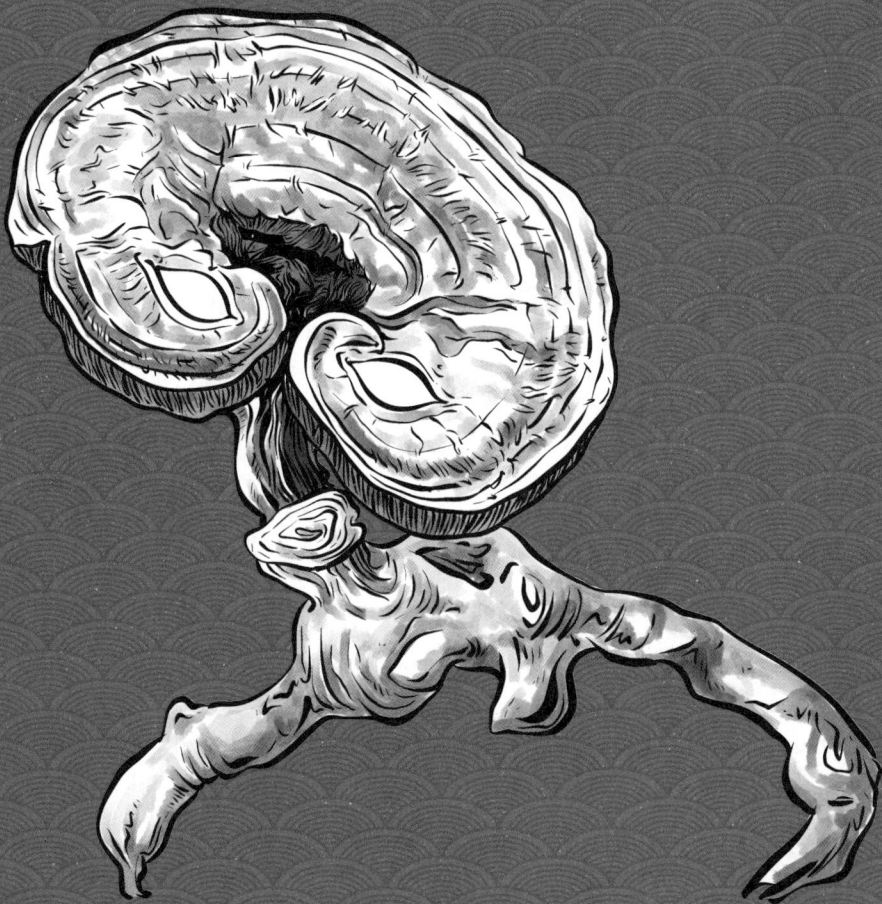

第四章

S

奇异图鉴

二七九

288

鸱久

chī

jiǔ

简介　鸱久即鹞鹰。

原典　《山海经·海外南经》
一曰爰有熊、罴、文
虎、蜼、豹、离朱、
鸱久、视肉、虖交。

简介

原典

典故

灭蒙鸟，身子呈青色，长有红色的尾巴。也有人认为灭蒙鸟就是孟鸟。

《山海经·海外西经》灭蒙鸟在结匈国北，为鸟青，赤尾。

帝颛顼有个孙女，名叫修。女修在织布时，有一只玄鸟生了个卵，女修吃下卵后，生了个儿子取名大业。大业又娶少典的女儿少华为妻，生了大费。大费再生两个孩子，一个叫大廉，便是鸟俗氏；另一个叫若木，便是费氏。大廉的玄孙叫孟戏、仲衍，他们的样子都像鸟，但会说人的语言。因此他们都是灭蒙鸟的国民。

289

灭 miè

蒙 méng

鸟 niǎo

夏后启

xià hòu qǐ

简介 夏后启就是夏朝的开国
君主夏启，大禹的儿子。
传说，夏后启曾在大乐之野，
观看《九代》歌舞，他乘着两条龙，
周围有三层云盖。启左手举着华盖，右手拿着玉环，
身上佩戴着玉璜。大乐之野位于大运山的北面。一说启在大遗之野观看歌舞。

原典 《山海经·海外西经》大乐之野，夏后启于此儛《九代》，乘两龙，云盖三
层。左手操翳，右手操环，佩玉璜。在大运山北。一曰大遗之野。

典故 大禹在外治水期间，其妻涂山氏每日给大禹送饭。大禹在轩辕山的山崖下
架设了一面鼓，和妻子约定，他敲了三声鼓涂山氏才可以上山送饭。
治水时，大禹会变为一只大黑熊，带领百姓凿山开道。但一次，他不小心
刨起的小石子，不偏不倚正好打在山崖下的鼓上。涂山氏听到鼓声后赶来，
却看到自己的丈夫变成了一头黑熊，又是吃惊，又是羞愧，转身逃走，一
直跑到了嵩高山下，精疲力竭倒在路边变成了一块大石头。后面追上来的
禹大声喊道："还我儿子！"听到叫喊，大石便向着北方裂开，从中生出一
个小孩，禹便给他取名叫启。

291

三身民

sān

shēn

mín

简介	三身民都是一个脑袋、三个身子。
原典	《山海经·海外西经》三身国在夏后启北，一首而三身。
典故	传说三身民是帝俊的后代。当年帝俊的妻子娥皇所生的孩子就是一首三身，他们的后代繁衍生息，渐渐地形成了三身国。三身民姓姚，以黄米为食，已经能够用火，并且能驯化驱使虎、豹、熊、罴四种野兽。

黄马

huáng

mǎ

简介 黄马是一臂民的坐骑，身上长着老虎一样的斑纹，只有一只眼睛、一只手。

原典 《山海经·海外西经》有黄马虎文，一目而一手。

一臂民

yī
bì
mín

简介 一臂国的国人都只长着一条胳膊、一只眼睛、一个鼻孔。他们又叫比肩民或半体人，因为他们只有像比翼鸟一样，两两并肩连在一起才能正常行走。

原典 《山海经·海外西经》一臂国在其北，一臂、一目、一鼻孔。

第四章

奇异图鉴

奇肱民

qí

gōng

mín

简介 奇肱民长着一条胳膊、三只眼睛，眼睛有阴有阳，阴在上而阳在下；阳眼用于白天，阴眼用于夜间，所以他们在夜间也能正常工作。他们乘坐的是带有斑纹的马。

原典 《山海经·海外西经》奇肱之国在其北，其人一臂三目，有阴有阳，乘文马。

典故 奇肱民手巧，可以做出各种捕鸟的小器具。另外他们能制造飞车，这种飞车造型奇特，做工精致，能顺风远行。传说商汤时期，奇肱国的人曾乘坐飞车顺风飞行，突然一阵猛烈的西风刮来，把他们的飞车连同人一起吹到了豫州一带，于是汤王派将士砸坏了他们的车，使他们不能回去，毁坏的飞车也被藏了起来。但是这些都难不倒奇肱国人。他们在豫州定居休整，等待时机。十年之后，刮起了东风，他们便又造了一辆飞车，然后乘坐飞车顺着东风飞了回去。

295

刑天

xíng

tiān

简介 刑天，本作形天，又作形夭，
是中国古代神话传说中的人物。

原典 《山海经·海外西经》刑天与帝争神，
帝断其首，葬之常羊之山。乃以
乳为目，以脐为口，操干戚以舞。

典故 刑天与黄帝争权，黄帝斩断刑天的脑袋，并把他埋到常羊山。刑天于是以
双乳作眼睛，以肚脐作嘴，挥舞手中的盾牌和大斧。
传说刑天的后代是无首民。他们生活在深山里，没有头部，眼睛长在乳头
处，嘴巴则长在肚脐眼处，还会发出吱吱的声音来交流。他们会骑马，会
试图和人类交流，可以说除了没有头部外，其他方面几乎和人类一样。

女祭女薎

nǚ jì nǚ miè

简介 祭、薎是两个女巫，薎捧着鱼形小酒杯，祭则拿着祭祀时盛肉的用具"俎"，一人捧鱼形酒器一人捧祭器，在祭祀神灵。

原典 《山海经·海外西经》女祭、女薎在其北，居两水间，薎操鱼䖷，祭操俎。

丈夫民

zhàng

fū

mín

| 简介 | 丈夫国位于维鸟栖居之地的北面，国中之人每个人都衣冠整齐，身上佩剑。 |

| 原典 | 《山海经·海外西经》丈夫国在维鸟北，其为人衣冠带剑。 |

| 典故 | 丈夫国的国民全是男子，没有女人。他们是怎么来的呢？传说殷帝太戊曾派王孟等一行人到西王母所住的地方寻求长生不死药，他们走到某地断了粮，不能再往前走了，只好滞留此地，以野果为食，以树皮做衣。由于随行人员中没有女人，所以人人终身无妻。他们每人都从自己的身体中分离出来两个儿子，也有一种说法认为儿子是从背部的肋骨之间钻出来的，所以儿子一生下来，父亲便立即死去。这些人和他们的儿子从此之后在这里生根繁衍，久而久之便形成了丈夫国。 |

简介

女丑是古代女巫的名字。传说远古时十个太阳一起出来，将女丑烤死了；其死后双手掩面。古人认为女丑虽死，但其灵魂不死，常附在活人身上，供人祭祀或行巫事。

原典

《山海经·海外西经》女丑之尸，生而十日炙杀之。在丈夫北。以右手鄣其面。十日居上，女丑居山之上。

典故

《大荒东经》中说："海内有两人，名曰女丑。"而《海外西经》记载女丑的死法：女丑被十个太阳炙烤而死，尸体还保持着右手挡面的姿态，直对着十个太阳。

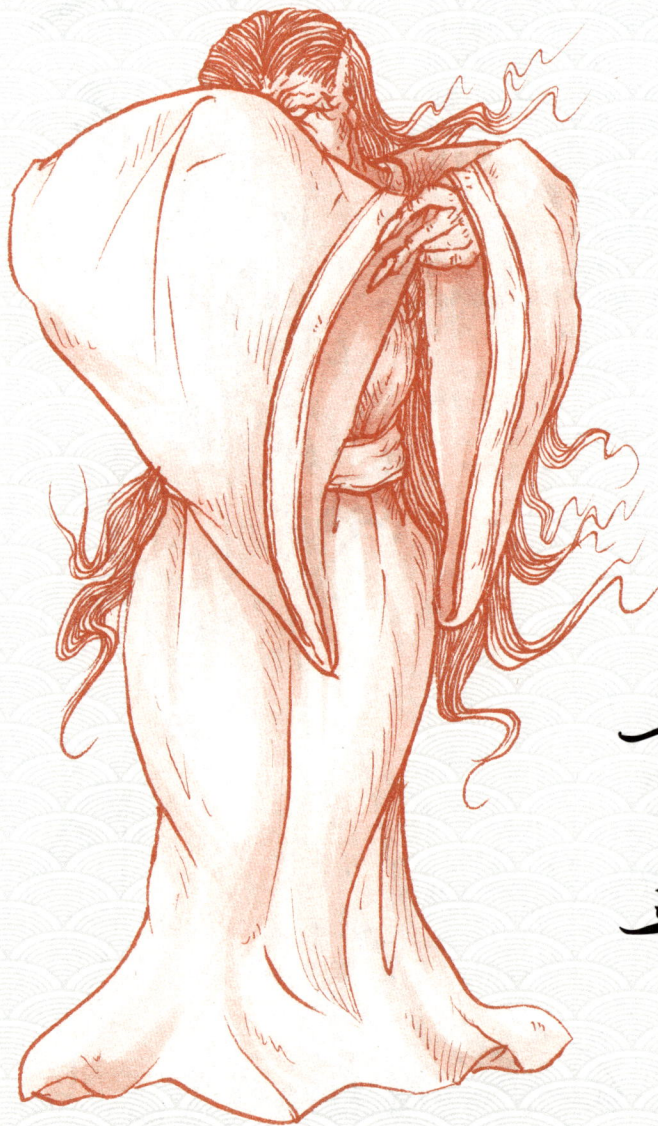

299

女 nǔ

丑 chǒu

巫咸民

| 简介 | 巫咸也是古代神话和历史典籍中经常出现的名字。传说巫咸民都是巫师，他们右手拿着青蛇，左手拿着红蛇。该国有座登葆山，是他们往返于天地之间的地方。 |

| 原典 | 《山海经·海外西经》巫咸国在女丑北，右手操青蛇，左手操赤蛇。在登葆山，群巫所从上下也。 |

| 典故 | 据说巫峡之名便来源于巫咸。相传黄帝出战前，会诸巫咸作筮，来占问凶吉。 |

301

并 ^{bìng}

封 ^{fēng}

简介 并封的形状与猪相似，前面和后面各有一个脑袋，周身都呈黑色。

原典 《山海经·海外西经》并封在巫咸东，其状如彘，前后皆有首，黑。

典故 闻一多先生曾在其《伏羲考》中说："'并封''屏蓬''平逢'等名字当作'并逢'。'并'与'逢'都有合意。兽牝牡相合名曰'并逢'，犹人男女私合曰'姘'。"也就是说这双头猪的形象实际上是呈现了公猪、母猪交合时的模样。

女子国人

nǚ

zǐ

guó

rén

简介 女子国位于巫咸国的北面，这里住有两个女子，四周有水环绕。一说她们住在一道门内。

原典 《山海经·海外西经》女子国在巫咸北，两女子居，水周之。一曰居一门中。

典故 传说女子国境内有一眼神奇的泉水，名叫黄池，妇人只需在黄池中沐浴即可怀孕生子。若生下男孩，男孩三岁便会死去；若是女孩，则会长大成人。所以女子国的人都是女人而没有成年男人。

轩辕国人

xuān
yuán
guó
rén

简介 人面蛇身，尾巴盘绕于头顶之上，人多长寿，即便不长寿者也能活到八百岁。

原典 《山海经·海外西经》轩辕之国在此穷山之际，其不寿者八百岁。在女子国北。人面蛇身，尾交首上。

典故 传说黄帝就是轩辕国人。《博物志》中写道："轩辕国，姬姓，其国君曾为统一中原各部之黄帝。"

304

龙鱼

lóng

yú

简介　龙鱼是神人的坐骑，在山陵中和水中都能居住，其形状与鲤鱼相似，也有说它的形状像娃娃鱼。

原典　《山海经·海外西经》龙鱼陵居在其北，状如狸。一曰鰕。即有神圣乘此以行九野。一曰鳖鱼在沃野北，其为鱼也如鲤。

典故　《山海经图赞》记载：龙鱼有一角，长得像鲤，居住在山陵中，等待时机而出，神灵攸乘，飞骛九座城池，乘云升天了。

肃慎国人

山海经

神怪大全

简介 肃慎国人平时没有衣服，只把猪皮披在身上，
冬天涂上厚厚一层猪油才能抵御风寒，日子十分艰苦。

原典 《山海经·海外西经》肃慎之国在白民北。
有树名曰雄棠，圣人代立，于此取衣。

典故 《后汉书》说，古肃慎之国也位于山林之间，那里极为寒冷，人们居
住在洞穴中，洞穴越深越为尊贵。肃慎国人喜欢养猪，吃它们的肉，
用皮制衣。冬天用猪油厚厚地涂满身体，以抵御风寒。夏天就赤身露
体，用一尺布遮住了他的前后。他们人数虽少，却多有勇力，驻扎在
山林险要之地，又善于射箭，能瞄准敌人的眼睛。弓长四尺，力如
弩。箭用枯，长一尺八寸，青石为箭头，箭头都施了毒，中人即死。

长股民

cháng
gǔ
mín

简介　长股民也叫长脚国，在雒棠树生长之地的北面，国中之人都披散着头发。

原典　《山海经·海外西经》长股之国在雒棠北，被发。一曰长脚。

白 bái

民 mín

国 guó

人 rén

简介

白民国在龙鱼栖息之地的北边，其国人浑身雪白，披散着头发。白民国的人是帝俊之子帝鸿的后代，他们姓销，以黄米为食物。

原典

《山海经·海外西经》白民之国在龙鱼北，白身被发。

典故

《淮南子》也有关于"白民"的内容，其方位与《海外西经》所记同。《玉芝堂谈荟》写道："白民国的人洁白如玉。国都里没有五谷，种植玉石当作食物。把玉石和一种特殊的叶子放在一起，玉石就会变得柔软，便于进食。玉石味道甘甜而爽脆。如果宴请客人，就用甘露浸泡玉屑，过了一会儿就成了美酒；喝上一斗，会醉三年才醒。白民国还有活了上千年的人。"

308

无启民

wú qǐ mín

简介 无启国，又称无胫国、无綮国、无继国，其民称作无启民，无启民没有后代。传说无启国的人心脏不会腐朽，他们死后一百二十年又可以重新化成人，所以不需要生育。

原典 《山海经·海外北经》无启之国在长股东，为人无启。

典故 无启国是《淮南子》所记海外三十六国之一，位于北方。《酉阳杂俎》中的无启民，居住在洞穴，以土为食。这些人死后，心脏不会腐朽，将它埋掉，百年又变成人。无启民分为两类：录民，膝盖不会腐朽，将其埋掉，一百二十年后变成人；细民，肝脏不会腐朽，将其埋掉，八年后变成人。

一目民
yī mù mín

简介 一目国在钟山的东面，那里的人只有一只眼睛，眼睛长在脸的正中间。

原典 《山海经·海外北经》一目国在其东，一目中其面而居。

典故 一目国是《淮南子》所记海外三十六国之一，其民称作一目民，一只眼睛长在脸中央。

柔利民
róu lì mín

311

驳
bó

| 简介 | 一种吃虎豹的怪马。 |
| 原典 | 《山海经·海外北经》有兽焉，其名曰驳，状如白马，锯牙，食虎豹。 |

| 简介 | 柔利国位于一目国的东面，该国之人长有一只手、一只脚，膝盖反着长，脚朝向上方弯曲。一说此国名叫留利国，国中之人的脚向反方向弯折。 |
| 原典 | 《山海经·海外北经》柔利国在一目东，为人一手一足，反膝，曲足居上。一云留利之国，人足反折。 |

深目民

shēn
mù
mín

三〇二

简介 深目国在相柳所处之地的东边，此国之人眼睛深深地陷在眼眶里，平日里总是举着一只手，好像在对人打招呼。

原典 《山海经·海外北经》深目国在其东，为人深目，举一手，一曰在共工台东。

典故 深目国，是《淮南子》所记海外三十六国之一，其民被称作深目民，其样貌多为一手一眼，以鱼为食。
《山海经图赞》说：深目民的眼眶深陷，长得像胡人，但嘴是蜷缩的。他们胸口有洞，长着长腿，聚集在异族当中。

简介 无肠国位于深目国的东边，国中之人个子很高，但肚子里没有肠子。

原典 《山海经·海外北经》无肠之国在深目东，其为人长而无肠。

典故 无肠国，又称作无腹国，是《淮南子》所记海外三十六国之一，其民称作无肠民，腹内无肠，吃什么都一通到底，为黄帝之后裔之一。他们的腹部就像直筒一般，吃了的食物在肚腹之中畅通无阻，不消化就直接排出体外，餐厕合一。食物虽不能停留，但只要在腹中一过就饱，排泄物实际上也还是新鲜的食物。所以那里的富贵人家，都将排泄之物收好，留给仆婢食用，或留给自己下顿再吃。以至于一餐之食，可以一而再，再而三地反复食用。

聂耳民

niè
ěr
mín

简介 聂耳国在无肠国的东边，国中之人驱使两只带有斑纹的老虎，而且总是用抓着自己的耳朵，聂耳国的人孤独地居住在海水环绕的小岛上，到海水中捕捉奇异之物。

原典 《山海经·海外北经》聂耳之国在无肠国东，使两文虎，为人两手聂其耳。县居海水中，及水所出入奇物。两虎在其东。

典故 郭璞说：聂耳国的耳朵很大，而且下垂，都垂在肩上。
《异域志》说："聂耳国在无腹国的东边，那里的人和野兽相类似。那些人长着老虎一样的斑纹，耳朵长过腰，行走时双手捧着耳朵。"

315

夸父

kuā

fù

简介 夸父是中国上古时期神话传说人物之一，
又名博父、举父，是炎帝的后裔。

原典 《山海经·海外北经》夸父与日逐走，
入日。渴，欲得饮，饮于河渭，
河渭不足，北饮大泽。未至，道渴而死。
弃其杖，化为邓林。

典故 关于夸父之死，有两种说法。第一种是，夸父不衡量自己的体力，想要追赶上
太阳，一直追到禺谷。在那里夸父喝光了黄河的水，却还不解渴，准备跑到北方
去喝大泽里的水，还没到大泽，便渴死了。他临死之前所抛出的拐杖，变成了邓
林，邓林就是桃林；而他自己则变成了一座山。另一种传说是夸父是被应龙杀
死的，应龙在帮黄帝杀了蚩尤以后，又在成都载天山杀死了夸父。而应龙自己
则因为神力耗尽上不了天，后来就去南方居住，所以至今南方的雨水特别多。

拘瘿民

jū
yǐng
mín

简介	拘瘿国，也叫利瘿国，在禹所积石山的东面，国中之人用一只手托着颈部的大肉瘤。
原典	《山海经·海外北经》拘瘿之国在其东，一手把瘿。一曰利瘿之国。
典故	拘瘿国，又称利瘿国，是《淮南子》所记海外三十六国之一，其民称作拘瘿民，常一手持冠缨，郭璞称缨宜作瘿，瘿为一种瘤，多生于颈部，有碍行动，故以手持。

跂踵民

qǐ

zhǒng

mín

| 简介 | 跂踵国，也叫反踵国，在拘
瘿国的东边，该国的人两只
脚脚跟不着地。 |

| 原典 | 《山海经·海外北经》跂踵
国在拘瘿东，其为人两足皆
支。一曰反踵。 |

| 典故 | 还有一种说法认为跂踵民的
脚反向生长在腿上，如果往
南走，留下的足迹就会向着
北方，所以又称反踵民。 |

第四章

奇异图鉴

318

騊

táo

駼

tú

简介 騊駼是北海之内的
一种野马。

原典 《山海经·海外北经》北海内有
兽，其状如马，名曰騊駼。

典故 《山海经图赞》记载：騊駼是一
种野马，产自北域，它们会用脖
子互相摩擦。

319

罗 luó

罗 luó

| 简介 | 北海内有一种青色的野兽，形状似虎，名叫罗罗。 |

| 原典 | 《山海经·海外北经》有青兽焉，状如虎，名曰罗罗。 |

| 典故 | 罗罗即乌蛮，是现代彝族的先民。元时乌蛮诸部仍大多都有各自的部名，而罗罗则是对他们的统称。现今云南的彝族仍称虎为罗罗，他们是信仰虎图腾的彝族人，自称罗罗人。 |

320

蛩 qióng
蛩 qióng

简介 北海之内有一种白色的野兽，形状与马相像，名叫蛩蛩。

原典 《山海经·海外北经》有素兽焉，状如马，名曰蛩蛩。

321

大人国民

dà
rén
guó
mín

简介
大人国之人身材高大，
擅长撑船。

原典
《山海经·海外东经》大人国
在其北，为人大，坐而削船。
一曰在𠔼丘北。

典故
大人国，是《淮南子》所记海外三十六国之一。其民身
材高大，厘姓，以黍为主食。据《博物志》记载，其人
要怀孕三十六年，一出生头发就已经白得像雪了，身材
魁梧得像奇伟的巨人。他们能够腾云驾雾飞行，却不会
走路，因为他们是龙的后代。

322

君 jūn

子 zǐ

国 guó

民 mín

简介　君子国民衣冠整齐，身上佩剑，吃野兽，供驱使的两只花斑老虎就在身旁，该国之人喜欢谦让而不争斗。

原典　《山海经·海外东经》君子国在其北，衣冠带剑，食兽，使二文虎在旁，其人好让不争。

典故　据说在君子国中，农民都相互礼让于田畔，行人都相互礼让于道路，不管是官员还是百姓，贵族还是贫民，个个言谈举止都彬彬有礼。在他们国家的集市上，卖主力争要交付上等货，收低价；而买主则力争要拿次等货，付高价，以至于你推我让，一项交易要经过很长时间才能达成。这个国家的国王还颁布法令，臣民如有进献珠宝的，除将进献之物烧毁外，还要处罚臣民。

虹虹

hóng

hóng

簡介 虹虹在君子国的北面，各有两个脑袋。一说虹虹位于君子国的北面。

原典 《山海经·海外东经》虹虹在其北，各有两首。一曰在君子国北。

典故 虹虹其实就是彩虹，古人认为虹是一种双首大口吸水的长虫，横跨山水，挂在天上，还有雌雄之分，单出名为虹，雌雄双出名为蜺。

黑齿民

hē

chǐ

mín

简介 黑齿国在竖亥所处之地的北面，国中人牙齿呈黑色，他们吃稻米和蛇，还有一红一青两条蛇经常伴随其身边。还有一种说法，黑齿民能驱使蛇，身边有条红色的蛇。

原典 《山海经·海外东经》黑齿国在其北，为人黑齿，食稻啖蛇，一赤一青，在其旁。一曰在竖亥北，为人黑首，食稻使蛇，其一蛇赤。

典故 黑齿民族是中国最古老的民族之一。根据朱小丰《古滇国行考》和《古和夷与黑齿史迹初探》等著作中的考证，黑齿在中国五帝时期之初已经是一强盛民族，五帝中著名的帝喾就是黑齿族人。

325

雨师妾民

yǔ
shī
qiè
mín

简介　雨师妾国在汤谷的北边，该国的人全身皮肤呈黑色，左右两只手各握着一条蛇，左边耳朵上有一条青蛇，右边耳朵上有一条红蛇。还有一种说法，雨师妾民两手拿的不是蛇，而是龟。

原典　《山海经·海外东经》雨师妾在其北，其为人黑，两手各操一蛇，左耳有青蛇，右耳有赤蛇。一曰在十日北，为人黑身人面，各操一龟。

玄股民

xuán

gǔ

mín

简介

玄股民的大腿是黑色的，穿鱼皮做的衣服，以鸥鸟为食，有两只鸟一左一右在他们身边听候使唤。

原典

《山海经·海外东经》玄股之国在其北，其为人股黑，衣鱼食躯，使两鸟夹之。一曰在雨师妾北。

典故

玄股国，又称作元股国，是《淮南子》所记海外三十六国之一，位于北方，是水中之国，其民称作玄股民，从腰以下整条腿都是黑的，居住在水边，以鱼皮为衣，食黍谷，也以水鸥为食，鸟为伙伴与仆役。

327

毛民

máo

mín

简介 毛民国位于玄股国的北边，
国中之人浑身长毛。一说
毛民国在玄股国的北面。

原典 《山海经·海外东经》
毛民之国在其北，
为人身生毛。一曰在玄股北。

典故 毛民国是《淮南子》所记海外
三十六国之一，位在大海洲岛上，离临海郡东南两千里，其民称作毛民，身材
矮小，不穿衣服，全身长满像箭镞般的硬毛，住在山洞里，依姓，大禹的后裔。
传说东晋年间，吴郡司盐都尉戴逢在海边航行时得到一条小船，船上有男女共
四个人，全都身材矮小，浑身都长着硬毛，就像豪猪一样。因为语言不通，戴
逢便把他们送往丞相府，但在半路上，四个人死了三个，只剩一个男的还活着。
当地官府赐给他一个女人让他们成亲，他们后来还生了一个儿子。他在中原住
了很多年后，才渐渐懂得他人说话，时常向别人说他来自毛民国。

328

劳民

láo

mín

简介 劳民也称教民，全身皆为黑色，以野果、野草为食。他们每个人身边都有一只鸟供他们召唤，这鸟只有一个身子却长着两个头。

原典 《山海经·海外东经》劳民国在其北，其为人黑，食草果实。有一鸟两头。或曰教民。一曰在毛民北，为人面目手足尽黑。

典故 劳民国，是《淮南子》所记海外三十六国之一，其民称作劳民，以食用果草实维生，身边有一只两头鸟做伴，其人特征为手足面部皆黑。

329
伯虑民

bó
lǜ
mín

简介	伯虑国，也叫相虑国。伯虑国的人一生之中最怕睡觉，生怕一睡不醒，送了性命，因此就日夜愁眠。
原典	《山海经·海内南经》伯虑国、离耳国、雕题国、北朐国皆在郁水南。郁水出湘陵南海。一曰相虑。
典故	传说伯虑国向来没有被子、枕头，就算有床，也是为短暂歇息而设，从来不用于睡觉，以至于该国国民终年昏昏沉沉，勉强支持。往往有人尽力坚持，数年没有睡觉，到最后精神疲惫，支撑不住，便一觉睡去，任凭他人百般呼唤，也不能醒。其亲属见状悲哭，以为他就此睡死不再醒来。而睡觉的人往往要等到好几个月后才能睡醒。其亲友知道他睡醒时，都赶来庆贺，以为他死里逃生。这里的人越是怕睡，就越是精神萎靡，一睡不醒的人往往就更多；反过来睡死的人越多，人们就越怕睡，如此就形成了恶性循环。正所谓"杞人忧天，伯虑愁眠"。

雕题民

diāo
tí
mín

简介 雕题民也有奇特的习惯，他们都在脸上文黑色的花纹，在身上画鱼鳞般的图案，以致有人把他们看成鱼。雕题国所有的女子成年之后，都会特别在额头刺上细花纹表明身份，因此，雕题国的女子也叫刺面女。

原典 《山海经·海内南经》伯虑国、离耳国、雕题国、北朐国皆在郁水南。

枭阳民

xiāo

yáng

mín

简介 枭阳国位于北朐国的西边。这个国家的人长着人的脸，嘴唇非常长，身体呈黑色，身上有毛，脚跟反长，见到别人笑也跟着笑，左手握着竹管。

原典 《山海经·海内南经》枭阳国在北朐之西。其为人人面长唇，黑身有毛，反踵，见人笑亦笑，左手操管。

典故 有人认为枭阳是介于人和兽之间的一种野人，《淮南子·泛论训》中也说"枭阳，山精也。"

兕
<small>sì</small>

简介 兕是一种像牛的野兽，通体青黑色，长着一只角。

原典 《山海经·海外南经》兕在舜葬东，湘水南，其状如牛，苍黑，一角。

典故 兕，指犀牛一类的兽名，一说指雌犀牛。

郭璞说："兕长得像青牛，它的一只角就重达三十斤。"《开元占经》中说："兕知道是非善恶，掌权者在讼案上不偏私，这种野兽才会现世。"

333

氏人

dī

rén

简介	氏人国在建木生长之地的西边，该国的人人面鱼身，没有脚。
原典	《山海经·海内南经》氏人国在建木西，其为人人面而鱼身，无足。
典故	氏人国与传说中鲛人形象相似，根据郭璞的注释，氏人胸以上是人，胸以下是鱼。

旄马

máo

mǎ

简介 旄马的形状与马相似，四条腿的关节处都长着毛。旄马居住在巴蛇栖息之地的西北边、高山的南边。

原典 《山海经·海内南经》旄马，其状如马，四节有毛。在巴蛇西北、高山南。

335

天神窫窳

tiān

shén

yà

yǔ

简介 一位天神，被贰负与危杀死。

原典 《山海经·海内西经》贰负之臣曰危，危与贰负杀窫窳。

336

三头人

sān
tóu
rén

简介

三头人长着三颗脑袋，负责守卫琅玕神树。

原典

《山海经·海内西经》服常树，其上有三头人，伺琅玕树。

典故

传说琅玕树是专门为凤凰而生的，为的是给凤凰提供食物。三头人名叫离珠，是黄帝时候的明目者。因为琅玕树异常珍贵，黄帝特地派他日夜守护。他忠于职守，每天用三个头上的六只眼睛轮流看守，一刻不敢疏忽。每当凤凰飞来，他便采下琅玕，递给凤凰吃。

树鸟
shù niǎo

简介 传说中的一种鸟，在开明兽栖息之地的南边，长着六个脑袋。

原典 《山海经·海内西经》开明南有树鸟，六首。

孟鸟
mèng niǎo

简介 一种羽毛花纹有红、黄、青三种颜色的鸟。

原典 《山海经·海内西经》孟鸟在貊国东北。其鸟文赤、黄、青，东乡。

大行伯

dà

xíng

bó

简介　有个人名叫大行伯，手中拿着戈。

原典　《山海经·海内北经》
有人曰大行伯，把戈。

鬼国民

guǐ

guó

mín

简介　鬼国在贰负的尸体所在之地的北面，该国之人长着人脸，但只有一只眼睛。还有一种说法，鬼国民人面蛇身。

原典　《山海经·海内北经》鬼国在贰负之尸北，为物人面而一目。一曰贰负神在其东，为物人面蛇身。

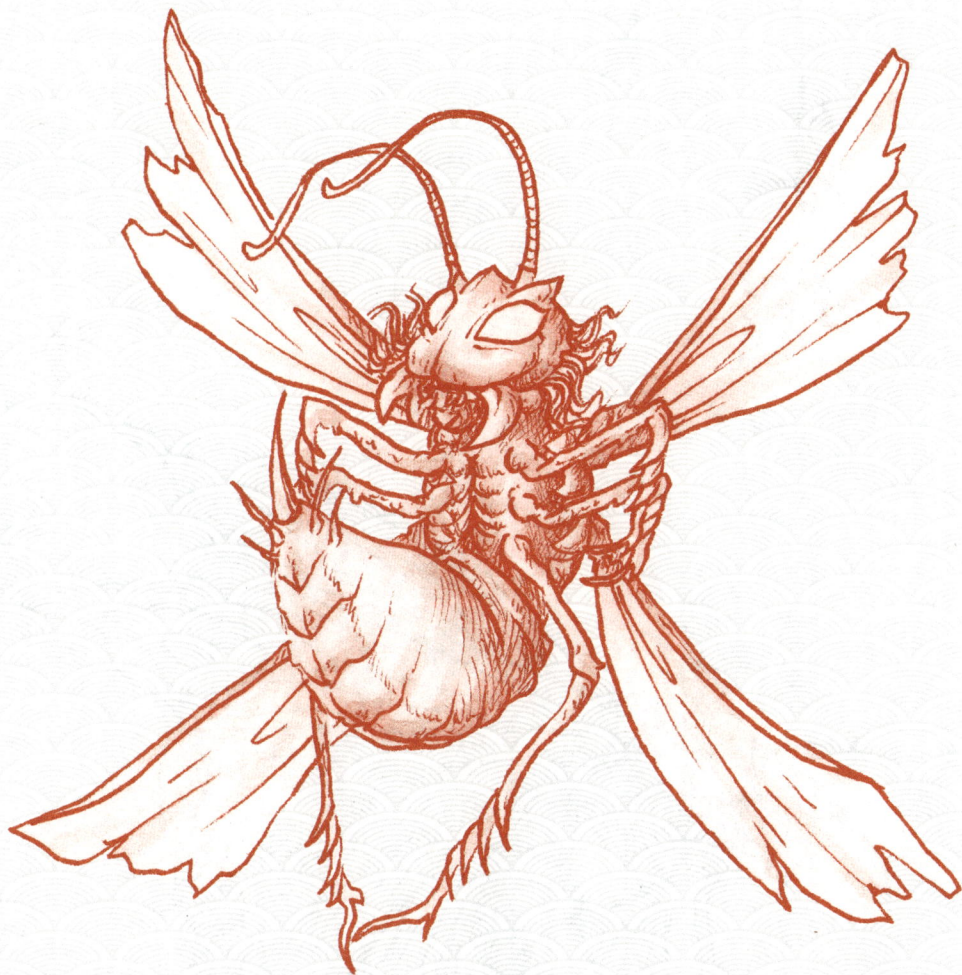

341

大蜂

dà

fēng

简介　有一种大蜂，形状与螽斯相似。

原典　《山海经·海内北经》大蜂，其
状如螽。

朱蛾

zhū

é

山海经

神怪大全

简介　朱蛾是红色的大蚂蚁。

原典　《山海经·海内北经》
朱蛾，其状如蛾。

343

蛟 qiáo

| 简介 | 蛟是传说中长着虎一样斑纹的野人，小腿肚肌肉强健，居住在穷奇居住之地的东面。还有一种说法，蛟形状与人相似，是昆仑山北边特有的人种。 |

| 原典 | 《山海经·海内北经》蛟，其为人虎文，胫有𦟎。在穷奇东。一曰状如人，昆仑虚北所有。 |

阘非

tà
fēi

阘非是一种人面兽身，浑身青色的野兽。

《山海经·海内北经》
阘非，人面而兽身，青色。

345

环狗

huán

gǒu

简介 环狗长着野兽一样的头，人一样的身
子。还有一种说法，环狗形状既像刺
猬，又像狗，全身皆为黄色。

原典 《山海经·海内北经》环狗，其为人
兽首人身。一曰蝟状如狗，黄色。

346

袜 mèi

袜长着人一样的身子，
脑袋是黑色的，眼睛竖着长。

《山海经·海内北经》
袜，其为物人身、黑首、从目。

347

戎

róng

戎族中的人，长着人一样的
脑袋，脑袋上长着三只角。

《山海经·海内北经》
戎，其为人人首三角。

第四章

奇异图鉴

三三五

王子夜尸

wáng
zǐ
yè
shī

简介　王子夜就是王亥，是司人间畜牧之神。王亥开创了商业贸易的先河，久而久之人们就把从事贸易活动的商部落人称为"商人"，把用于交换的物品叫"商品"，把商人从事的职业叫"商业"，成了现今商业用词的来源。

原典　《山海经·海内北经》王子夜之尸，两手、两股、胸、首、齿，皆断异处。

典故　一日，王亥与其弟王恒在有易国做客，受到了有易国君绵臣的热情招待，酒席间，王亥双手持盾起舞，舞得十分精彩，结果竟引起了绵臣妻子的爱慕。王亥与王妃发生了淫乱之事，让绵臣十分生气，他将王亥杀死，并将尸首肢解，分散各地。后来殷商君主微为王亥报仇，灭掉了有易国，杀死了国君绵臣。

349

大蟹
dà

xiè

大蟹是女丑的坐骑，有千里之大，单一只螯就有山一般大。

《山海经·海内东经》大蟹在海中。

大蟹生活在海里，据说这种大蟹身广千里，举起的螯比山还高，所以它只能生活在水中。传说有人曾经在海里航行，看到一个小岛，岛上树木茂盛，于是便下船上岸，在水边生火做饭。饭才做了一半，就看见岛上森林已经淹没在水中了。于是他急忙砍断缆绳上船，划到远处才看清，原来刚才的岛是一个巨大的螃蟹，森林就长在它的背上。可能是生火的时候误将它灼伤，才迫使它现身。

350 陵鱼 líng
yú

简介 陵鱼是古代神话传说中的一种人鱼。长着人一样的脸，有手有脚，鱼一样的身子，生活在大海里。

原典 《山海经·海内东经》陵鱼人面，手足，鱼身，在海中。

原典 宋太宗时，有一个叫查道的人出使高丽，晚上船泊在一山边，望见沙滩上有一妇人，头发蓬松，穿着红裙子，袒露两臂，肘下有鬣。船夫不知道是什么。查道说："那是人鱼也。"

351

大 dà
鳊 biān

简介　大鳊，鳊同"鳊"，也就是鳊鱼。

原典　《山海经·海内北经》大鳊居海中。

352

三 sān
足 zú
乌 wū

简介　三足乌样子像乌鸦，有三只爪子。它有双重身份，除了与九尾狐、三青乌一起作为西王母的侍者外，同时它还是太阳乌，承担着载日的职责。

原典　《山海经·大荒东经》汤谷上有扶木，一日方至，一日方出，皆载于乌。

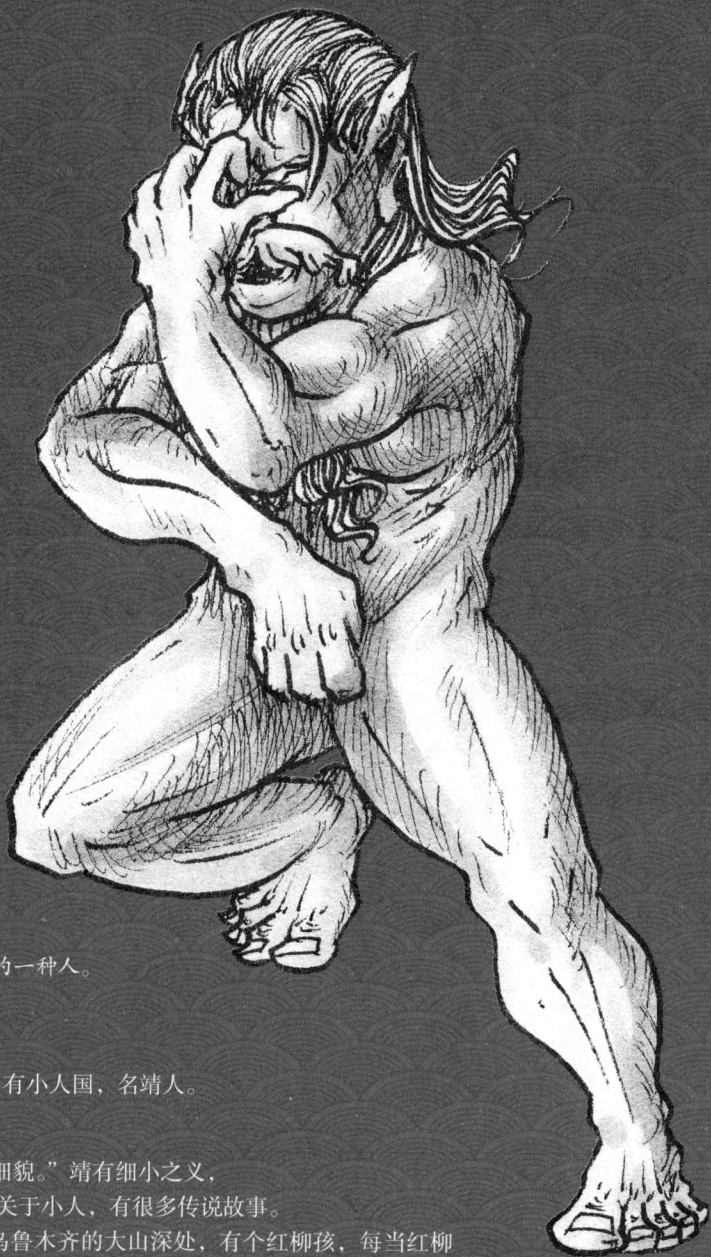

靖人

jìng

rén

简介 靖人，就是体型很小的一种人。

原典 《山海经·大荒东经》有小人国，名靖人。

典故 《说文》中说："靖，细貌。"靖有细小之义，
所以靖人就是小人。关于小人，有很多传说故事。
《西域图志》记载：乌鲁木齐的大山深处，有个红柳孩，每当红柳
开花之际，他就会出现在红柳树上，摘柳条做帽子。他只有 60 厘
米左右。人要是抓住了他，他会绝食反抗。他长得像灵长类的动
物，极为罕见的那种。
《神异经》也有一个关于小人的故事：西北荒中有一种体形矮小的
人，高一寸，男的穿着红衣黑冠，乘坐大型的马车，以此增加威严
的仪态。人吃了它终生不会被虫子咬，并且可以知道万物的名字。

354

犁䴢尸

lí

líng

shī

简介 有一位神，他长着人一样的脸、兽一样的身子，名叫犁䴢之尸。

原典 《山海经·大荒东经》有神，人面兽身，名曰犁䴢之尸。

中容国民

zhōng
róng
guó
mín

山海经

神怪大全

简介 中容国民是帝俊之子中容的后裔，他们平时吃野兽的肉和树木的果实。中容国的人能驯化驱使四种豹、虎、熊、罴野兽。

原典 《山海经·大荒东经》有中容之国。帝俊生中容，中容人食兽、木实，使四鸟：豹、虎、熊、罴。

356

禺䝙

yú

xiāo

| 简介 | 禺䝙是黄帝之子，东海海神，长着人面鸟身，用两条黄蛇做耳饰，脚下还踩着两条黄蛇。 |

| 原典 | 《山海经·大荒东经》东海之渚中，有神，人面鸟身，珥两黄蛇，践两黄蛇，名曰禺䝙。黄帝生禺䝙，禺䝙生禺京。禺京处北海，禺䝙处东海，是为海神。 |

357

奢比尸

shē

bǐ

shī

简介	天神奢比尸长着兽一样的身子、人一样的脸，耳朵大大的，且以两条青蛇做耳饰。
原典	《山海经·大荒东经》有神，人面、犬耳、兽身，珥两青蛇，名曰奢比尸。
典故	《朱子·语录》中记载有一位叫奢比的僧人，是黄帝七辅之一。有人猜测，奢比尸便是这位辅臣死后所化。

青马和雏

qīng

mǎ

hē

zhuī

简介 青马，一种青色的骏马，生活在东北方向的海外。雏是一种毛色青白间杂的马。

原典 《山海经·大荒东经》东北海外，又有三青马、三雏、甘华。

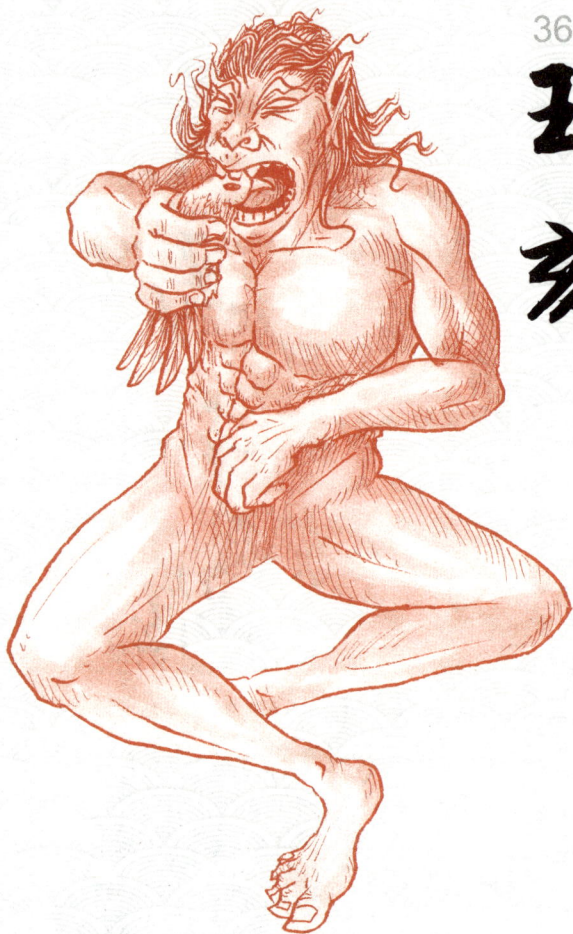

360

王亥

wáng

hài

简介

王亥是殷民族的高祖，是畜牧之神，以擅长训养牛著称。

原典

《山海经·大荒东经》有人曰王亥，两手操鸟，方食其头。

361

跊踢

chù

tī

简介

跊踢是左右两边各长一个脑袋。

原典

《山海经·大荒南经》南海之外，赤水之西，流沙之东，有兽，左右有首，名曰跊踢。

362

双 _{shuāng}

双 _{shuāng}

第四章 奇异图鉴

简介 双双是三只青兽合在一起的一种野兽。

原典 《山海经·大荒南经》有三青兽相并，名曰双双。

三四七

离俞

lí
yú

简介

离俞，是一种禽鸟。

原典

《山海经·大荒南经》爰有文贝、离俞、鸱久、鹰、贾、延维、熊、罴、象、虎、豹、狼、视肉。

364

不廷胡余

bù

tíng

hú

yú

简介 不廷胡余是南海某岛上的一位神，它长着人一样的脸，以两条青蛇做耳饰，脚下踩着两条赤蛇。

原典 《山海经·大荒南经》南海渚中，有神，人面，珥两青蛇，践两赤蛇，曰不廷胡余。

第四章

奇异图鉴

三四九

365

季厘

jì

lí

简介 | 季厘，帝俊之子，其后裔所在的国家，名叫季厘国。

原典 | 《山海经·大荒南经》有人食兽，曰季厘。帝俊生季厘，故曰季厘之国。

简介 | 传说委维就是延维，是水泽之神。

原典 | 《山海经·大荒南经》爰有文贝、离俞、鸱久、鹰、贾、委维、熊、罴、象、虎、豹、狼、视肉。

366

委维

wěi

wéi

367

蚁
人

yù

rén

简介

蚁山有个蚁民国，这个国家的人以桑为姓，以
黍为食，用箭射杀蚁来作为食物，所以也被称
为蚁人。蚁人还回拉弓射黄蛇。

原典

《山海经·大荒南经》有蚁山者，有蚁民之
国，桑姓，食黍，射蚁是食。有人方扞弓射
黄蛇，名曰蚁人。

368

祖 zǔ

状 zhuàng

尸 shī

简介	祖状之尸是人虎同体的天神被杀之后所化，其神容为方齿虎尾。
原典	《山海经·大荒南经》有人方齿虎尾，名曰祖状之尸。
典故	祖状尸，属尸象，指的是天神被杀后，其灵魂不死，并以尸的形态继续活动。

369

张弘

zhāng

hóng

简介 有个名叫张弘的人，他正在海上捕鱼。海中有一个张弘国，国人以鱼为食，能够驱使四种野兽。

原典 《山海经·大荒南经》有人名曰张弘，在海上捕鱼。海中有张弘之国，食鱼，使四鸟。

卵民

luǎn

mín

卵民都产卵，而且都是从卵中孵化生出的。

《山海经·大荒南经》有卵民之国，其民皆生卵。

山海经

神怪大全

菌人

jūn

rén

简介 菌人是一种身材异常矮小的人。

原典 《山海经·大荒南经》有小人，名曰菌人。

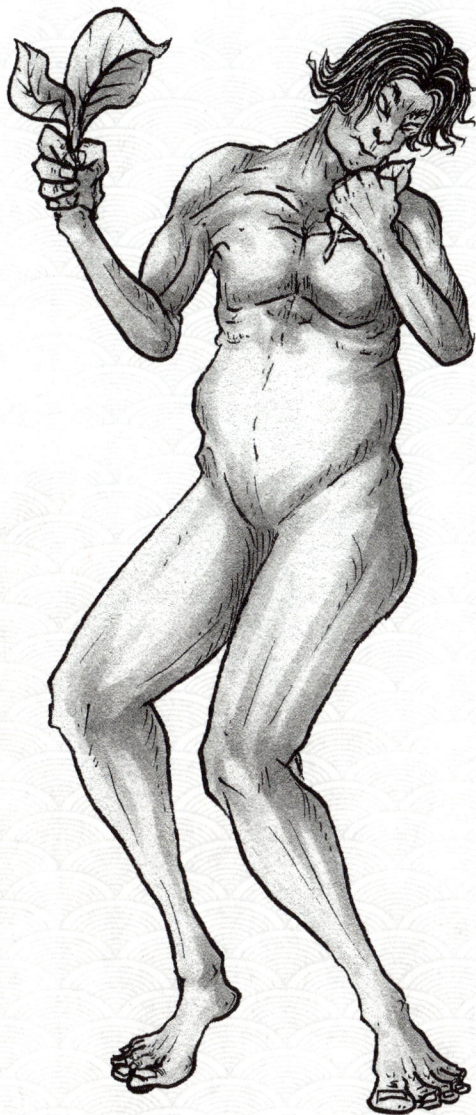

372

盈民

yíng

mín

盈民国的国民都姓於，以黄米饭为食。

《山海经·大荒南经》有盈民 之国，於姓，黍食。又有人方食木叶。

十巫

shí
wū

简介

灵山十巫，即巫咸、巫即、巫盼、巫彭、巫姑、巫真、巫礼、巫抵、巫谢、巫罗这十位巫师。他们从灵山升到天庭或是下到人间，这里是各种各样的草药生长的地方。

原典

《山海经·大荒西经》有灵山，巫咸、巫即、巫盼、巫彭、巫姑、巫真、巫礼、巫抵、巫谢、巫罗十巫，从此升降，百药爰在。

374

鸣鸟

míng

niǎo

简介 鸣鸟是一种五彩斑斓的鸟，有人认为鸣鸟是凤凰一类的鸟。

原典 《山海经·大荒西经》有弇州之山，五采之鸟仰天，名曰鸣鸟。爰有百乐歌儛之风。

375

弇兹

yǎn

zī

简介弇兹，西海的小洲中的一位神，这位神人长着人面鸟身，他以两条青蛇作耳饰，脚踏两条赤蛇。

原典 《山海经·大荒西经》西海陼中，有神，人面鸟身，珥两青蛇，践两赤蛇，名曰弇兹。

先民人

xiān
mín
rén

简介 先民人居住在西北海以外，赤水的西岸。他们吃谷米，能驯化驱使四种野兽。

原典 《山海经·大荒西经》西北海之外，赤水之西，有先民之国，食谷，使四鸟。

昆仑神

kūn

lún

shén

简介　居住在昆仑山上的神灵，长着人的面孔、老虎的身子，尾巴上尽是白色斑点。

原典　《山海经·大荒西经》有神，人面虎身，有文有尾，皆白，处之。

378

互人

hù

rén

简介　炎帝的孙子名叫灵恝，灵恝生了互人，能乘云驾雾上下于天。

原典　《山海经·大荒西经》炎帝孙名曰灵恝，灵恝生互人，是能上下于天。

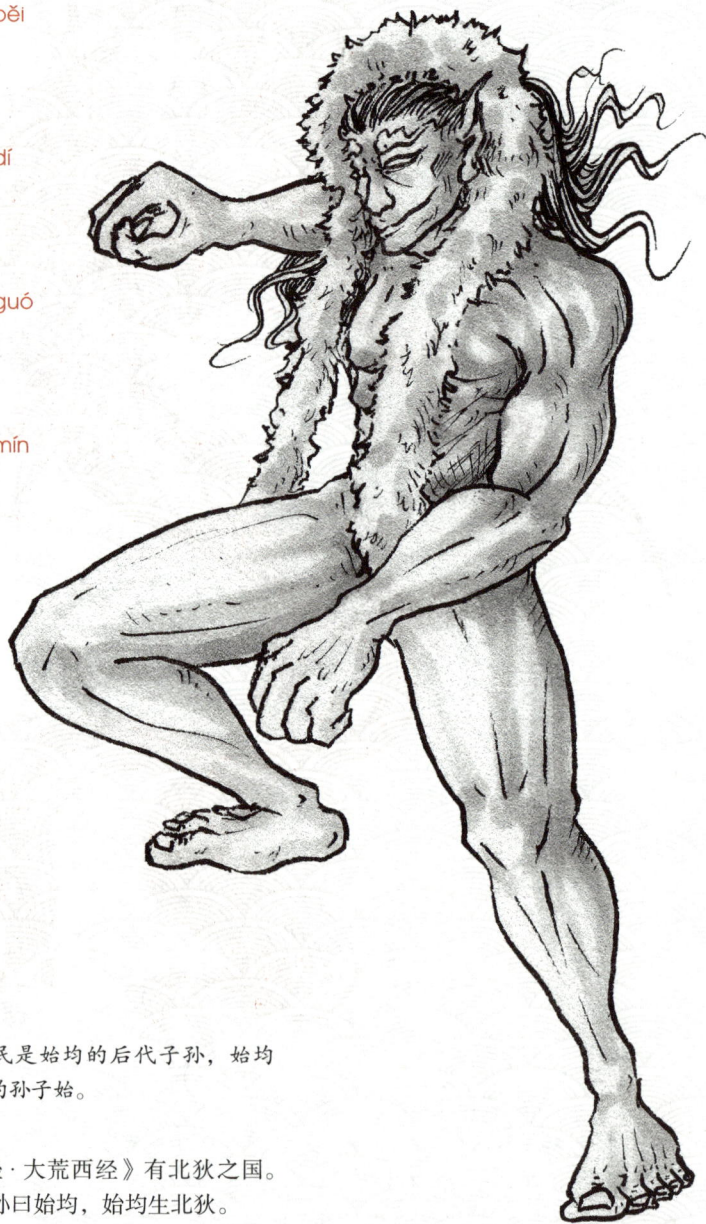

北狄国民

běi dí guó mín

简介　北狄国民是始均的后代子孙，始均
是黄帝的孙子始。

原典　《山海经·大荒西经》有北狄之国。
黄帝之孙曰始均，始均生北狄。

380

鸀
chù

鸟
niǎo

简介 | 一种六头怪鸟，身子是黄色的，爪子是红色的。

原典 | 《山海经·大荒西经》有青鸟，身黄，赤足，六首，名曰鸀鸟。

381

嘘

xū

简介 | 嘘，长着人一样的脸，没有手臂，两只脚反转着生在头上，是一位外形怪异的神。

原典 | 《山海经·大荒西经》有神，人面无臂，两足反属于头上，名曰嘘。

382

天虞

tiān

yú

| 简介 | 有一个人的两只胳膊反着生长，名叫天虞。 |

| 原典 | 《山海经·大荒西经》有人反臂，名曰天虞。 |

| 典故 | 《山海经》还有一个神叫天吴，有学者认为，天吴、天虞应该是同一人。
清代学者刘宝楠说，在古代，"虞"和"吴"可以通用，比如《论语微子》有个人叫"虞仲"，其实就是吴仲。
天虞和天吴是同一人，还有另外一个证据。根据《山海经》中的记载，不同山的山神，要用不同的物品来祭祀，而天虞和天吴用到的都是白狗。 |

383

五色鸟

wǔ

sè

niǎo

简介	五色鸟是玄丹山一种五彩斑斓的鸟，它长着人一样的脸，头上长着发。
原典	《山海经·大荒西经》有五色之鸟，人面有发。
典故	据说东汉名臣杨震死后，没有下葬时，有一只高一丈多的五色大鸟，从天飞下，到杨震的棺木前，举头发出悲鸣，泪水滴到地上。直到下葬那天，五色鸟才冲天飞走。

384

屏蓬

píng

péng

简介	屏蓬是一种怪兽，身体的左右两侧各长着一个脑袋。
原典	《山海经·大荒西经》有兽，左右有首，名曰屏蓬。
典故	闻一多先生曾在其所著的《伏羲考》中说："'并封''屏蓬''平逢'等名字当作'并逢'。'并'与'逢'都有合意。兽牝牡相合名曰'并逢'，犹人男女私合曰'姘'。"也就是说这双头猪的形象实际上呈现了公猪、母猪交合时的模样。

黄姬

huáng

jù

简介 | 黄姬尸，应当是神名或巫名，如奢比尸、女丑尸。

原典 | 《山海经·大荒西经》有金门之山，有人名曰黄姬之尸。

386

白鸟

bái

niǎo

简介	白鸟长着青色的翅膀、黄色的尾巴和黑色的嘴。
原典	《山海经·大荒西经》有白鸟，青翼、黄尾、玄喙。
典故	从前，汉武帝曾登齐郡山时，得到一只玉匣，五寸长，汉武帝下山时，玉匣忽然变成一只白鸟飞走了。人们传说山上有王母娘娘的一只药匣，让白鸟常年守着它。

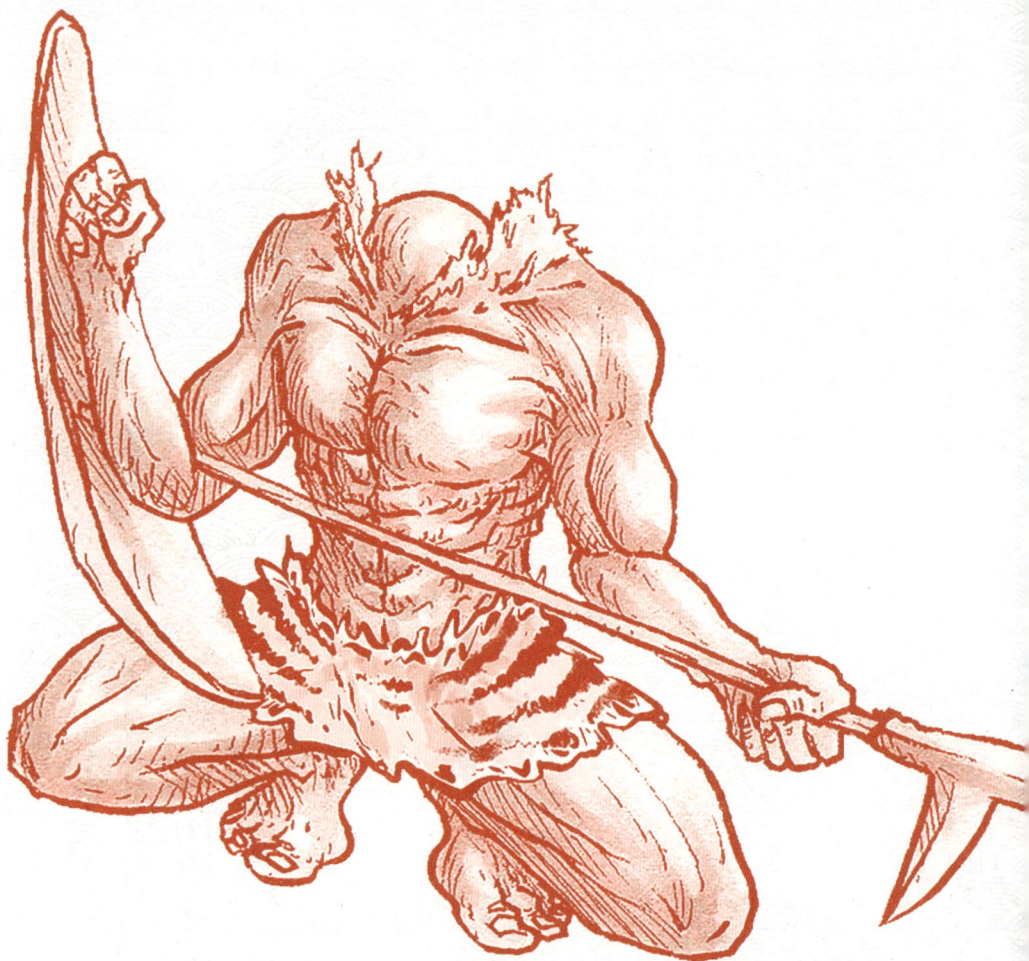

387

夏耕

xià

gēng

简介 夏耕是夏朝最后一个君主桀手下的一员大将，当年成汤在章山讨伐夏桀，打败了夏桀，并亲手斩下了夏耕的头。

原典 《山海经·大荒西经》有人无首，操戈盾立，名曰夏耕之尸。故成汤伐夏桀于章山，克之，斩耕厥前。耕既立，无首，走厥咎，乃降于巫山。

典故 成汤在章山讨伐夏桀，打败夏桀后，当着他的面砍下了夏耕的脑袋。因夏耕冲在最前头，所以他被斩首后并没有倒下去。虽然没有了头，他的灵魂仍然不死。许久之后他发觉没了脑袋，为逃避罪责，于是他流窜到了巫山之中。

寿麻

shòu

má

简介 寿麻，也叫寿糜，据说他在太阳底下立正不会出现影子，大声叫喊也不会有声音。

原典 《山海经·大荒西经》南岳娶州山女，名曰女虔。女虔生季格，季格生寿麻。寿麻正立无景，疾呼无响。

典故 寿麻站着的时候没有影子，而且移动时速度极快，没有声响。《玉函山房辑佚书·地镜图》中说这种能在日月中行走，又没有影子的人是神仙。

389

三面人

sān

miàn

rén

三面人，长着三张脸，是颛顼的后代，有三张脸、一只手臂，这种三面人永远不会死。这里就是所谓的大荒之野。

《山海经·大荒西经》有人焉，三面，是颛顼之子，三面一臂，三面之人不死，是谓大荒之野。

郭璞说三面人是一颗头的三边各有一张面孔。

390

鱼妇

yú
fù

简介 有一种半边身子干枯的鱼，名叫鱼妇。大风从北方吹来，天上便下起像泉涌一样大的雨，蛇化鱼成为鱼妇，颛顼就是借着这种鱼死而复生。

原典 《山海经·大荒西经》有鱼偏枯，名曰鱼妇，颛顼死即复苏。风道北来，天乃大水泉，蛇乃化为鱼，是为鱼妇。颛顼死即复苏。

青丘狐

qīng
qiū
hú

简介 有个国家叫青丘国。青丘国
有一种狐狸，长着九条尾巴。

原典 《山海经·大荒东经》有青
丘之国，有狐，九尾。

392 玄鸟 xuán niǎo

玄鸟，也是生活在附禺山的一种鸟，传说是一种守护天界帝王的神异之鸟。

《山海经·大荒北经》有青鸟、琅鸟、玄鸟、黄鸟、虎、豹、熊、罴、黄蛇、视肉、璇瑰、瑶碧，皆出卫于山。

《史记》中记载，殷契的母亲简狄在户外洗澡时，吃了玄鸟卵而怀孕生了契，即所谓"天命玄鸟，降而生商"，契成年后协助大禹治水有功，后来成为殷商的始祖。殷商崇信玄鸟，因而商代的青铜器上铸有很多变幻无穷的凤纹图案。商王武丁之妻妇好的墓出土了很多玉龙，而玉凤仅有一件，说明妇好对凤的极端重视。

393 琅鸟 láng niǎo

琅鸟是生活在附禺山的一种鸟。

《山海经·大荒北经》有青鸟、琅鸟、玄鸟、黄鸟、虎、豹、熊、罴、黄蛇、视肉、璇瑰、瑶碧，皆出卫于山。

394

蜚蛭

fēi

zhì

简介	蜚蛭是一种有会飞的虫子，长着四只翅膀。
原典	《山海经·大荒北经》有蜚蛭，四翼。
典故	有学者认为，蜚蛭的原型是水蛭，吸血为生，生长于不咸山。

山海经

神怪大全

395

琴虫

qín

chóng

简介 | 琴虫，长着兽一样的脑袋，蛇一样的身子。

原典 | 《山海经·大荒北经》
有虫，兽首蛇身，名曰琴虫。

第四章

奇异图鉴

三七七

猎猎 liè liè

简介 猎猎是一种黑色野兽，形状与熊相似。

原典 《山海经·大荒北经》
有黑虫如熊状，名曰猎猎。

儋耳民 dān ěr mín

简介 儋耳民，皆以任为姓，他们是禺貌的后裔，以谷物为食。

原典 《山海经·大荒北经》有儋耳之国，任姓，禺号子，食谷。

典故 儋耳国也称聂耳国。郭璞云：其人耳大下儋，垂在肩上，朱崖儋耳，镂画其耳，亦以放之也。

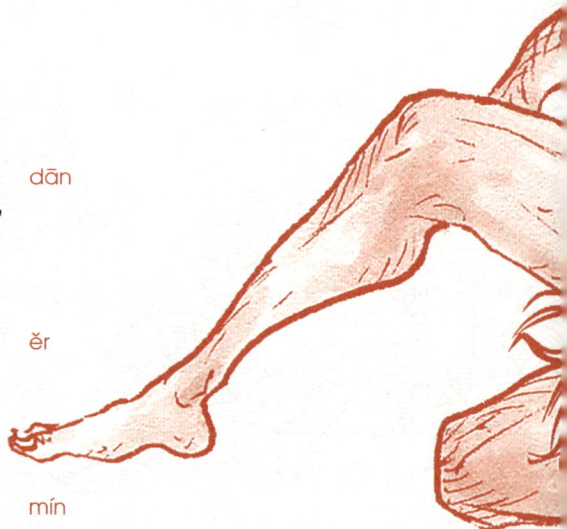

398

犬戎国人

quǎn
róng
guó
rén

简介　犬戎国人都是狗的模样。

原典　《山海经·大荒北经》犬封
国曰犬戎国，状如犬。

九凤是居住在最荒远之地的北极天柜山上的一位神。他长着九个脑袋，人一样的脸，鸟一样的身子。

《山海经·大荒北经》有神，九首人面鸟身，名曰九凤。

后世流传的"九头鸟""鬼车""鬼鸟"等，都是从九凤的形象演化而来。如宋周密《齐东野语》卷十八："鬼车，俗称九头鸟。"陆长源《辨疑志》又名渠逸鸟。世传此鸟曾经有十首，被犬噬其一，后来就脖子一直血滴。

399

九凤

jiǔ

fèng

400

犬戎

quǎn

róng

简介 犬戎，一个古代部落，传说犬戎族是
犬的后代，那里的人样貌与狗相像，以肉为食。

原典 《山海经·大荒北经》有犬戎国。
有人，人面兽身，名曰犬戎。

典故 帝喾有一条狗叫盘瓠。帝喾十分喜欢这条狗。
后来，有个诸侯房王挑起叛乱，帝喾忧虑国家危亡，便发出悬赏令："要是有
人能够斩获房王的首级来献，将赐黄金千两，并赏赐美人。"
某天，盘瓠突然失踪，帝喾派人到处寻找也没有看到它的踪影。三天后，盘
瓠带着房王的首级回来了，帝喾大喜过望。
原来盘瓠独自去了房王的营帐，房王看到之后十分得意，对左右群臣说："高
辛氏要亡国了啊！连他的狗都抛弃主人来投靠我。"于是便大摆酒宴。当夜盘
瓠趁房王醉酒沉睡，咬断了他的脖子，取下首级，然后一路奔回到主人身边。
帝喾见这条狗竟然如此神勇，便赐给它美食，可它不吃也不喝，变得郁郁寡
欢。一天之后，就连帝喾呼唤它，它也不应了。帝喾问道："你为什么既不吃
东西，呼唤你也不起来呢？难道是怨恨我没有赏赐你吗？我现在就兑现我的
诺言，赏你黄金美女，好不好？"盘瓠听到这话，立即跳跃起来。于是帝喾
赐盘瓠美女五人，食邑桂林一千户。
后来盘瓠与众女生下了三男六女，这些孩子出生的时候，虽然具有人的形貌，
但仍然留有犬尾。其后代子孙昌盛，就号为犬戎之国。

戎宣王尸

róng

xuān

wáng

shī

| 简介 | 戎宣王尸是犬戎的神灵，它的身体是红色的，形状与马相似，但没有脑袋。 |

| 原典 | 《山海经·大荒北经》有赤兽，马状无首，名曰戎宣王尸。 |

402

威姓子民

wēi
xìng
zǐ
mín

简介 威姓子民，有人说威姓子民是少昊的后裔，以黍为食。他们只长着一只眼睛，而且眼睛长在脸的正中间。

原典 《山海经·大荒北经》有人一目，当面中生。一曰是威姓，少昊之子，食黍。

403

苗民

miáo

mín

简介 苗民姓釐，以肉为食，是颛顼之孙，其父是骧头。他们长着翅膀。

原典 《山海经·大荒北经》西北海外，黑水之北，有人有翼，名曰苗民。颛顼生骧头，骧头生苗民，苗民釐姓，食肉。

典故 《神异经》中有关于苗民的记载，说苗民住在西方边远的地方，面目手脚都是人的样子，虽然腋下长有翅膀，却不能飞。《尚书》上说：苗民人贪吃，纵欲放荡，不守伦理，所以舜才把他们流放到边远之地。

简介

雷祖，又作嫘祖、累祖、儽祖、傫祖，是西陵氏之女。嫁黄帝于轩辕丘，为正妃，生子玄嚣、昌意。传说雷祖为养蚕治丝的发明人，北周以后被奉为"先蚕"（蚕神）。

原典

《山海经·海内经》黄帝妻雷祖，生昌意，昌意降处若水，生韩流。

典故

雷祖最早从蚕神那里学到了养蚕缫丝的方法，并将这种方法推广开来，所以备受人民尊敬。有一年黄帝巡游天下，雷祖不幸病死在途中，黄帝感念她的功德，当即下令要以祭祖神之礼来祭祀她。后世历朝历代都奉雷祖为先蚕，并造先蚕坛祭祀她。每年春季第二个月的巳日，当朝的皇后就会亲自或派人来先蚕坛祭祀雷祖并养蚕，为天下表率。

404

雷祖

léi

zǔ

昌意，相传为黄帝次子，元妃嫘祖所生。居于若水，娶蜀山氏女昌仆，生下了韩流（高阳氏颛顼的父亲）。

《山海经·海内经》黄帝妻雷祖，生昌意，昌意降处若水，生韩流。

《乐山县志》记载：乐山旧为四川省建昌道繁邑，古为黄帝子昌意之属地。相传昌意降居若水（一作弱水，即沫水，今之铜河）。昌意娶蜀山氏女为妻，生下了韩流。

405

昌意

chāng

yì

406

韩流

hán

liú

简介 韩流是黄帝之孙，颛顼的父亲。他长着长长的脑袋、小小的耳、人的面孔、猪的长嘴、麒麟的身子、罗圈双腿、小猪的蹄子，娶淖子族人中叫阿女的为妻，生下帝颛顼。

原典 《山海经·海内经》黄帝妻雷祖，生昌意，昌意降处若水，生韩流。韩流擢首、谨耳、人面、豕喙、麟身、渠股、豚止，取淖子曰阿女，生帝颛顼。

柏子高

<ruby>柏<rt>bǎi</rt></ruby>
<ruby>子<rt>zǐ</rt></ruby>
<ruby>高<rt>gāo</rt></ruby>

简介 柏子高，又称柏高，是传说中的仙人，相传他以华山青水之东的肇山为天梯，上下于天地之间。

原典 《山海经·海内经》有人名曰柏子高。柏子高上下于此，至于天。

典故 传说柏子高是黄帝身边的大臣，懂得采矿之事和祭祀山神的礼仪。后来黄帝升天成仙后，柏高也飞升成仙，侍立在黄帝身旁。

408

蟜
rú

蛇
shé

| 简介 | 蟜蛇，一种赤蛇，吃树木为生。传说"不食禽兽"而居灵山之上，当亦神蛇之属。 |
| 原典 | 《山海经·海内经》有灵山，有赤蛇在木上，名曰蟜蛇，木食。 |

鸟氏

niǎo

shì

| 简介 | 鸟氏一族居住在盐长国，长着鸟头人身。 |

| 原典 | 《山海经·海内经》有人焉鸟首，名曰鸟氏。 |

| 典故 | 鸟氏就是古书中所记载的鸟夷，是一个东方的原始部落，其人皆为鸟首人身。传说这种人鸟合体的形象，属于以鸟为信仰的部族。
少昊即位的时候，各部门长官的官名都是用鸟来命名的。凤鸟氏，就是掌管天文历法的官；玄鸟氏，就是掌管春分、秋分的官；伯赵氏，是掌管夏至、冬至的官；青鸟氏，是掌管立春、立夏的官；丹鸟氏，是掌管立秋、立冬的官；掌治民众的五官被称为五鸠；管理手工业的五官被称为五雉。 |

巴_{bā}

人_{rén}

简介 巴人，巴国是古诸侯国名，又作"巴子国"，由巴人所建。领有今四川东南部，都城在今重庆市北。巴人之师曾随周武王伐纣，以功封子爵。

原典 《山海经·海内经》西南有巴国。大暤生咸鸟，咸鸟生乘厘，乘厘生后照，后照是始为巴人。

赣巨人

gàn
jù
rén

简介 赣巨人长着人的面孔而嘴唇长长的，黑黑的身上长满了毛，脚尖朝后而脚跟朝前反长着，看见人就发笑，一发笑而唇便会遮住他的脸面，人就趁此立即逃走。

原典 《山海经·海内经》南方有赣巨人，人面长唇，黑身有毛，反踵，见人则笑，唇蔽其目，因可逃也。

412

黑人

hēi

rén

第四章

奇异图鉴

413

嬴民

yíng

mín

简介 | 嬴民长着禽鸟一样的爪子。

原典 | 《山海经·海内经》有嬴民，鸟足。

414

峿狗

jùn

gǒu

简介　峿狗是一种像兔子的青色野兽。

原典　《山海经·海内经》又有青兽
如菟，名曰峿狗。

简介

原典

典故

孔鸟，就是孔雀。

《山海经·海内经》有孔鸟。

《九叹·远游》云："驾鸾凤以上游兮，从玄鹤与鹬明。孔鸟飞而送迎兮，腾群鹤于瑶光。"国学大师姜亮夫通故："孔鸟与鸾凤、玄鹤、鹬明同言。孔鸟亦灵鸟之属。当指孔雀无疑。然世少言孔鸟者，鸟字或当为雀字之误。"

415

孔 kǒng

鸟 niǎo

416

翳鸟

yì

niǎo

| 简介 | 翳鸟是凤凰一类的鸟，其羽毛是五彩的。 |

| 原典 | 《山海经·海内经》有五采之鸟，飞蔽一乡，名曰翳鸟。 |

相顾尸

xiāng

gù

shī

简介 相顾尸是一个双手被反绑，戴刑具和戈的形象，相传他因图谋叛逆而被处死，死后灵魂不灭，仍以尸体的形态活动。

原典 《山海经·海内经》北海之内，有反缚盗械、常戈常倍之佐，名曰相顾之尸。

418

氐羌

dī

qiāng

简介	氐羌人姓乞，是先龙的后代子孙。氐羌，是古代部族名，分布在殷商的西部，即今之陕西、甘肃、青海、四川一带。
原典	《山海经·海内经》伯夷父生西岳，西岳生先龙，先龙是始生氐羌，氐羌乞姓。

玄豹

xuán

bào

简介

玄豹就是黑色豹子。

原典

《山海经·海内经》其
上有玄鸟、玄蛇、玄
豹、玄虎、玄狐蓬尾。

原典

陶答子在陶地做官三年，没留下好名声，家产却富裕了好多倍。妻子多次规劝，
他置若罔闻。五年后，他休官回家，随从车辆有百辆之多，族人杀牛隆重接迎，
而他的妻子独自抱着儿子哭泣。她说："我听说南山有黑豹，连下七天雨它也不
出来觅食，这是由于它爱惜自己的皮毛，要保持花纹美丽的缘故，因此藏身而远
离灾祸。猪狗不择食以养肥自己，这是在等死。现在您治理陶地的结果是家富裕
了，国家却穷了，人民不敬重、不爱戴你，败亡的征兆已显现出来。我宁愿和儿
子离开这里。"陶母赶走了她。一年后，答子全家果然以欺盗之名被杀。

420

玄虎

xuán

hǔ

| 简介 | 玄虎就是黑色老虎。 |

| 原典 | 《山海经·海内经》其上有玄鸟、玄蛇、玄豹、玄虎、玄狐蓬尾。 |

| 简介 | 《虎氏族》有记载："洪水泛滥之后，葫芦里走出兄妹二人，天神教他们婚配。后来兄妹二人生下七个姑娘，没有儿子。为了传播后代，七个姑娘与一只黑虎成亲。七个女儿生下九儿四女，从此有了不同民族。" |

421

玄狐

xuán

hú

简介　玄狐就是黑色狐狸，尾巴上的毛蓬蓬的。

原典　《山海经·海内经》其上有玄鸟、玄蛇、
玄豹、玄虎、玄狐蓬尾。

简介　玄狐的皮毛非常珍贵，可以做成帽子、围巾、大衣等。我国
古代有"一品玄狐，二品貂，三品狐貂"之说。清代笔记小
说集《池北偶谈》中说："本朝极贵玄狐，次貂，次猞猁狲。"

422

玄 xuán

丘 qiū

民 mín

简介 玄丘民居住在大玄山中，浑身黑色。

原典 《山海经·海内经》有玄丘之民。

423

赤胫民

chì jīng mín

| 简介 | 有一种赤胫民，据郭璞说他们膝盖以下的腿是正红色的。 |
| 原典 | 《山海经·海内经》
有赤胫之民。 |

山海经

神怪大全

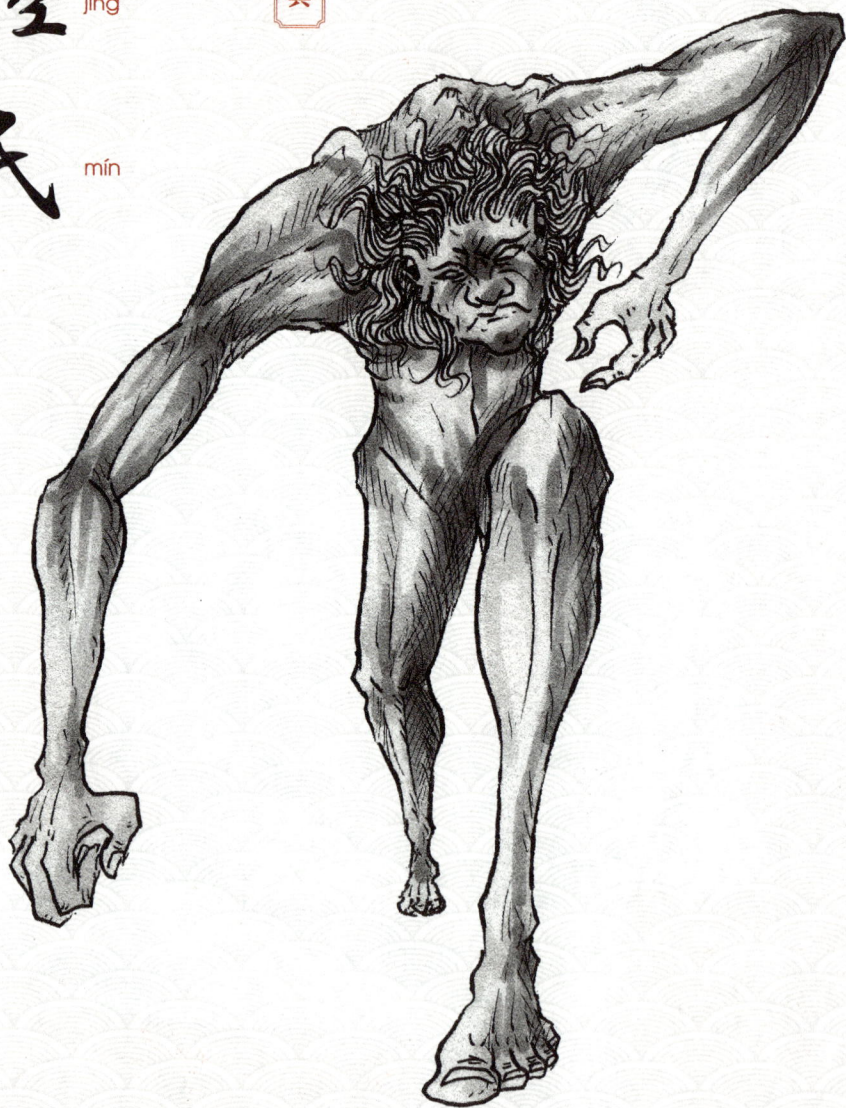

424

钉灵民

dīng

líng

mín

| 简介 | 钉灵民，钉灵国，又称丁令、丁零，那里的人，膝盖以下的腿部都有毛，长着马的蹄子而善于快跑。 |

| 原典 | 《山海经·海内经》有钉灵之国，其民从厀以下有毛，马蹄善走。 |

| 典故 | 很多古代典籍都描述钉灵民长着马蹄，比如《异域志》《三国志》等，但是汪绂认为钉灵国出产貂皮，他们用皮毛做靴子，走起来像是马蹄一样，并不是真的长着马蹄。 |

灾难图鉴

《山海经》中还记载了很多凶兽。不言而喻，凶兽是与瑞兽截然相反的存在。凶兽出现，会给人们带来灾难。它们大多性情凶恶，面目可怖，有的凶兽会吃人，有的凶兽则预示着天灾人祸的出现。

简介 狸力，形似小猪，声音像狗吠，脚生鸡足。狸力出现的地方有土木工程。

原典 《山海经·南山经》有兽焉，其状如豚，有距，其音如狗吠，其名曰狸力，见则其县多土功。

典故 狸力的预言能力也与其生活习性有关。上古先民并不知道狸力到处挖洞的原因，认为这种行为预示着朝廷要大兴土木。传说秦始皇修筑万里长城的时候，狸力就曾在中原现身。

狸力

425

鴸
zhū

简介　柜山中，有一种鸟，它的形状像鹞鹰，长着人一样的手，声音如同痹鸣一般，它的名字叫鴸，它叫起来，就像是在喊自己的名字，它在哪个县出现，哪个县就会有许多人遭到流放。

原典　《山海经·南山经》有鸟焉，其状如鸱而人手，其音如痹，其名曰鴸，其名自号也，见则其县多放士。

典故　《事物绀珠》有这样一则记载：一个乙酉年的夏天六月，有一只鸟飞到了杭州城庆春门上停住了，这只鸟长着三只眼睛，爪子像小孩的手，长着一张老人的面孔，叫起来的声音好像在喊"鴸"。所以人们猜测这只鸟便是《山海经》中记载的鴸。

简介 长右，外貌像猿猴，生四耳，它的啼叫就像人在痛苦呻吟，传闻见到长右的人，所在的家乡将会发大水。

原典 《山海经·南山经》有兽焉，其状如禺而四耳，其名长右，其音如吟，见则郡县大水。

426

长右

cháng

yòu

427

猾
huá

褢
huái

简介 猾褢，外形像人却长有猪一样的鬃毛，冬季蛰伏，叫声如同砍木头时发出的响声。猾褢出现的地方会有繁重的徭役。

原典 《山海经·南山经·南次二经》有兽焉，其状如人而彘鬣，穴居而冬蛰，其名曰猾褢，其音如斫木，见则县有大繇。

典故 郭璞在《山海经图赞》中说："猾褢之兽，见则兴役，应政而出，匪乱不适，天下有逆，幽形匿迹。"说的是猾褢这种野兽，专在天下太平的时候出现，扰乱时政，待得天下大乱，它却又匿了行踪去躲了起来。

彘
zhì

429

羦 huàn

简介 羦，黑色如影，因气而聚形，它没有嘴巴，不吃也不会死，样子似羊温顺，却生性顽劣凶狠。

原典 《山海经·南山经》有兽焉，其状如羊而无口，不可杀也，其名曰羦。

典故 古人认为，羦这种动物，天生可以吸收自然灵气生存，钟天地之造化，是一种神异之兽，因此不可杀，可能是担心遭到报应。羦是一种充满神秘色彩的沉默怪兽。

430

蛊雕

gǔ

diāo

山海经

神怪大全

简介 蛊雕，外形像雕鹰，头上长角，
发出的声音如同婴儿啼哭，能吃人。

原典 《山海经·南山经》水有兽焉，名曰蛊雕，
其状如雕而有角，其音如婴儿之音，是食人。

典故 1957 年，陕西神木纳林高兔村战国晚期匈奴墓出土了一尊
纯金雕像，刻画的是一个鹰嘴鹿形兽身怪兽，头长双角，
每个角又分四叉，该雕像与《山海经》中的蛊雕有相像的
地方，造型带有典型的北方草原文化的特点。

鲔鱼

tuán

yú

简介 鲔鱼的体形与鲫鱼相似，却长着猪毛，它的叫声也和猪一样。当鲔鱼出现时，天下便会大旱。

原典 《山海经·南山经》黑水出焉，而南流注于海。其中有鲔鱼，其状如鲋而彘毛，其音如豚，见则天下大旱。

典故 鲔生活在黑水河中，它的样子和鲫鱼很像。相传鲔鱼很美味，在《吕氏春秋》上有记载："鱼之美者，洞庭之鲔"，这里的"美"不是说它漂亮，而是说它好吃。

432

颙 yóng

简介

颙，形状似枭，
长着一张人脸，有四只
眼睛，叫起来就像在叫
自己的名字，栖息于令丘山中。
它通常不会出现在人们面前，
一旦出现，则会带来严重
的干旱，因而被人们所讨厌。

原典

《山海经·南山经》有鸟焉，其状如枭，
人面四目而有耳，其名曰颙，其鸣自号也，见则天下大旱。

典故

传说在明朝万历年间，颙鸟曾在豫章城的一间寺庙聚集，然而燕
雀似乎并不欢迎它，纷纷鼓噪起来。结果在当年的五月至七月，
豫章郡始终酷暑异常，滴雨未降，庄稼颗粒无收。

凫徯

fú

xī

典故 《宜春县志》记载，凫徯曾在崇祯年间从宜春飞过，第二年宜春就发生了兵戈，是大恶之鸟。《山海经广注》曾经说道：人面鸟身，不是大美就是大恶，而凫徯是典型的大恶代表。

古时人们在战争的时候，会打出带有自己图腾的旗子。凫徯鸟就是伏羲氏的图腾旗。伏羲氏是远古联盟的盟主，拥有军事权，他会带领各部落联合军队作战。人们见到凫徯图腾就意味着会有战争，这样，就有了见到凫徯鸟就会有战争的说法。

简介 凫徯，栖息于鹿台山，鸡身人面，叫声就像在喊自己的名字。只要凫徯出现就会有刀兵之战。

原典 《山海经·西山经》有鸟焉，其状如雄鸡而人面，名曰凫徯，其鸣自叫也，见则有兵。

朱厌

zhū

yàn

| 简介 | 朱厌，身形像猿猴，白头红脚，传说它一出现，天下就会发生大战争。 |

| 原典 | 《山海经·西山经》有兽焉，其状如猿，而白首赤足，名曰朱厌，见则大兵。 |

| 典故 | 后人认为朱厌便是白头叶猴。它和人类的相貌惊人地相似：头上的白冠如同人老后的苍发，脸形几乎和人类一样，而较平的口型及口内洁白整齐的牙齿，是其他任何动物没有的。这种白头叶猴即使在山经时代也非常少见，且头顶白发，所以被古人视为不祥。 |

蛮蛮

mán

mán

典故

以前有个家境困苦的孩子叫柳生，长大后卖身进入了黄员外家当起了园丁。柳生与黄家小姐日久生情。黄员外得知后，命众家丁把柳生打了个半死，然后要把他扔到黄河里。

黄家小姐听说后血气攻心，喷出了一大摊鲜血便去世了。此时有一只单翅小鸟从她的心口跳了出来。那鸟儿只有右翅不会飞，朝着黄河的方向跑去，不一会儿便来到了黄河边。本来还有一口气的快要被扔下黄河的柳生，看到了这只小鸟便把双眼合上，被众家丁甩了下去。

这时候从柳生心口也跳出一只只有左翅的鸟儿，和那只有右翅的鸟儿合在一起，飞向了天空。

简介

蛮蛮外形像野鸭，单眼单翅，需结对飞行。它一出现，就会有洪水。

原典

《山海经·西山经》有鸟焉，其状如凫，而一翼一目，相得乃飞，名曰蛮蛮，见则天下大水。

436、437

鼓与钦䲹

gǔ

yū

qīn

péi

简介 鼓是钟山神烛阴之子，人面，龙身。

原典 《山海经·西山经》其子曰鼓，其状人面而龙身，是与钦䲹杀葆江于昆仑之阳，帝乃戮之钟山之东曰崏崖，钦䲹化为大鹗，其状如雕而黑文白首，赤喙而虎爪，其音如晨鹄，见则有大兵；鼓亦化为䴅鸟，其状如鸱，赤足而直喙，黄文而白首，其音如鹄，见则其邑大旱。

典故 钦䲹死后化为大鹗，长有黑色斑纹和白色脑袋，红色嘴巴和老虎一样的爪子。钦䲹一出现就有大的战争。鼓死后也化为䴅鸟，形状像鹞鹰，长着红色的脚和直直的嘴，头却是白色的，它在哪里出现，哪里就会有旱灾。

简介	槐江山天神，长着两个牛头、八条腿、马尾，是盘古开天辟地后女娲造的第一个神，传说它出现的地方就会有战乱之灾。
原典	《山海经·西山经》有天神焉，其状如牛，而八足二首马尾，其音如勃皇，见则其邑有兵。
典故	关于槐江山天神，并没有很多记载。《山海经》中说"其音如勃皇"，郝懿行认为："勃皇即发皇也。"发皇，是一种小甲虫。

槐　huái

江　jiāng

山　shān

天　tiān

神　shén

土蝼

tǔ
lóu

简介 向西南四百里有座山，名叫昆仑山，这里实际上是黄帝在下界的都城，由天神陆吾负责管理。山中有一种兽，它的形状像羊，长着四只角，它的名字叫作土蝼，能吃人。

原典 《山海经·西山经》有兽焉，其状如羊而四角，名曰土蝼，是食人。

440

肥 féi

遗 yí

简介　一种长着六只脚和四只翅膀的怪蛇。是干旱的象征。

原典　《山海经·西山经》有蛇焉，名曰肥遗，六足四翼，见则天下大旱。

鳋鱼

sāo

yú

简介

鳋鱼生活在渭水中，它的形状像
鳝鱼，它在哪个地方出现，哪里
就会发生大的战争。

原典

《山海经·西山经》其中多鳋鱼，
其状如鳝鱼，动则其邑有大兵。

442

钦 原

yuán

简介 昆仑山中有一种鸟，它的形状像蜂，大小跟鸳鸯差不多，名字叫作钦原，它只要螫一下鸟兽，鸟兽就会死亡；螫一下树木，树木就会枯死。

原典 《山海经·西山经》有鸟焉，其状如蜂，大如鸳鸯，名曰钦原，蠚鸟兽则死，蠚木则枯。

胜遇

xīng

yù

简介 玉山中有一种鸟，形状像长尾的野鸡，浑身上下都是红色，名字叫胜遇，它以鱼类为食，发出的声音像鹿的叫声，它出现在哪个国家，哪个国家就会发生水灾。

原典 《山海经·西山经》有鸟焉，其状如翟而赤，名曰胜遇，是食鱼，其音如录，见则其国大水。

444

徯_{ào}
稠_{yē}

简介 徯稠外形像普通的牛，白身，长者四只角，身上的硬毛又长又密好像披着蓑衣，能吃人。

原典 《山海经·西山经》其上有兽焉，其状如牛，白身四角，其豪如披蓑，其名曰徯稠，是食人。

445

神 shén

魑 chī

简介 神魑是传说中的厉鬼，人面
兽身，只有一只手、一只脚，
叫声如人在打哈欠一般。

原典 《山海经·西山经》是多神
魑，其状人面兽身，一足一
手，其音如钦。

简介	穷奇外形像牛，长着刺猬毛。它的声音像狗，会吃人。和混沌、梼杌、饕餮并称为远古"四大凶兽"。
原典	《山海经·西山经》其上有兽焉，其状如牛，蝟毛，名曰穷奇，音如獋狗，是食人。
典故	《神异经》中记载穷奇形态像牛，颜色像狸，尾巴长到拖地，叫声像狗，长着狗头和部分人的特征，有着钩爪和锋利的牙齿。穷奇遇到忠信之人就会吃掉，遇到奸邪之人就会饲养起来。

446

穷奇

qióng

qí

人面鸮

rén

miàn

xiāo

简介 人面鸮，外形像鸮，长着人脸，身体像长尾猴，尾巴像狗，它的叫声就像在叫自己的名字。人面鸮一出现，当地就会发生大旱灾。

原典 《山海经·西山经》有鸟焉，其状如鸮而人面，蜼身犬尾，其名自号也，见则其邑大旱。

典故 鸮，是指猫头鹰一类的鸟。猫头鹰脸型偏平，而且它一般栖息时都是蹲姿，站起来腿极长，如同一般的灵长类腿部，因此推断人面鸮应该是脸型更加像人的猫头鹰。民间一直把猫头鹰称为报丧鸟和追魂鸟。人们把猫头鹰看作是灾难和死亡的象征，认为它会给人带来厄运。

448

朋蛇
péng

shé

朋蛇，有着红色的蛇头、白色的蛇身，发出的声音像牛叫。它在哪个地方出现，哪个地方就会发生大旱。

原典 《山海经·北山经》是有大蛇，赤首白身，其音如牛，见则其邑大旱。

灾难图鉴

窫窳
yà
yǔ

山海经

神怪大全

简介 窫窳，形状似牛，红身，人脸马蹄，叫声像婴儿的啼哭声，能吃人。

原典 《山海经·北山经》有兽焉，其状如牛，而赤身、人面、马足，名曰窫窳，其音如婴儿，是食人。

典故 窫窳本是天神，黄帝时代，蛇身人脸的天神"贰负"，受了手下天神"危"的挑唆，去谋杀了窫窳。黄帝知道了，十分震怒，就处死了危，重罚了贰负，命手下天神把窫窳抬到昆仑山，让几位巫师用不死药救活了它。谁知窫窳活了之后，竟神志迷乱，掉进了昆仑山下的弱水里，变成了牛身人脸马足、叫声如同婴儿啼哭的猛兽，在十日并出时跳上岸危害百姓，被后羿的神箭射死。

450

山 shān 狎 huī

简介 山狎长得像狗，但有着一张人脸，见人就笑，非常擅长投掷，走起来快如风，见到它预示着有大风。

原典 《山海经·北山经》有兽焉，其状如犬而人面，善投，见人则笑，其名山狎，其行如风，见则天下大风。

典故 山狎脚力很好，奔跑起来风驰电掣，身后总是跟着一股大风，它就是“像风一样的野兽”，只要它出现天下就会有大风灾。

451

诸 zhū

怀 huái

| 简介 | 诸怀长得像牛，有四只角，有一双人的眼睛，一对猪耳朵。它叫起来的声音就像飞雁，是一种吃人的凶兽。 |

| 原典 | 《山海经·北山经》有兽焉，其状如牛，而四角、人目、彘耳，其名曰诸怀，其音如鸣雁，是食人。 |

| 典故 | 诸怀有两种形态：一是四角牛，二是二角牛。古籍多将诸怀描绘成一种外形像牛，却长着四只角，并有人一样的眼睛、猪一样的耳朵的怪异之物。 |

肥遗

féi

wèi

| 简介 | 肥遗长着一个头两个身子，只要一出现，就必然会天下大旱。 |

| 原典 | 《山海经·北山经》有蛇一首两身，名曰肥遗，见则其国大旱。 |

| 典故 | 据说在商汤时期，肥遗曾出现过一次，结果它出现过的阳山一带连续大旱七年。这种强度，与"旱魃一出，赤地千里"的旱魃相比也差不了多少了。 |

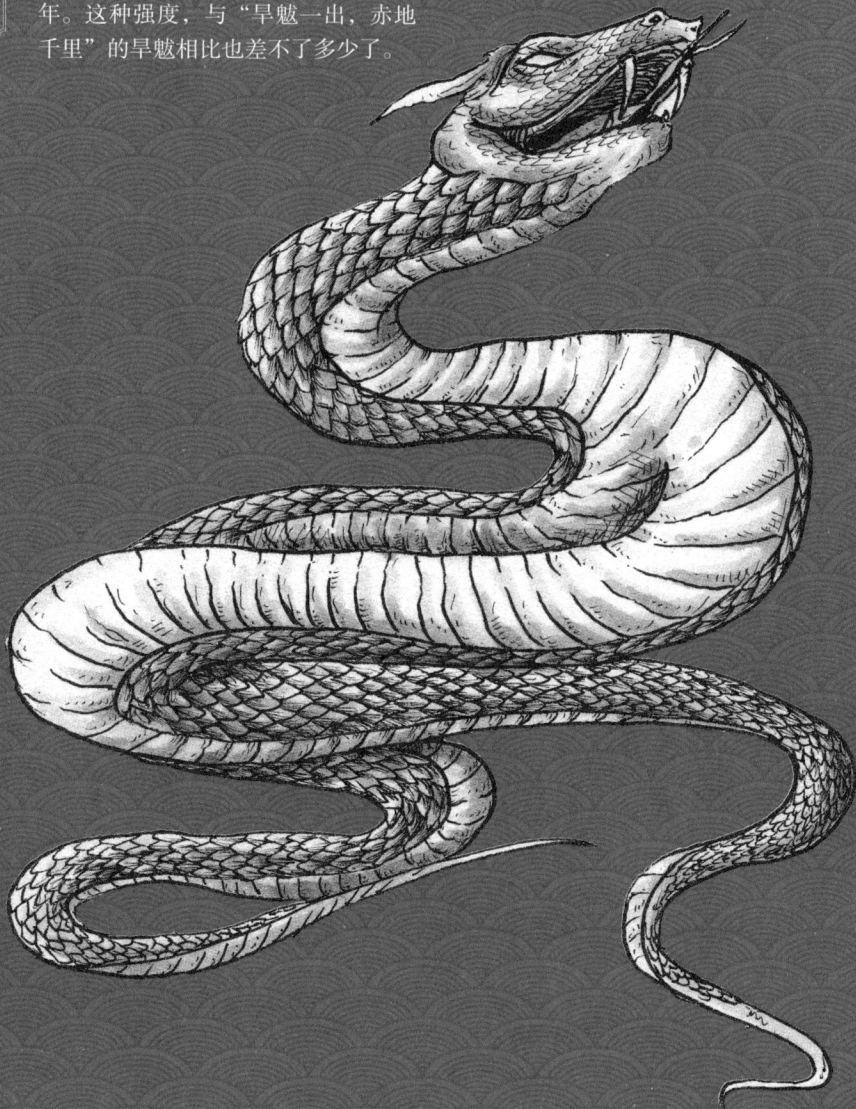

453

狍鸮
páo

xiāo

简介 狍鸮长着羊的身子、人的面孔、虎牙，指甲像人的指甲，发出的声音如同婴儿哭啼，会吃人。

原典 《山海经·北山经》有兽焉，其状如羊身人面，其目在腋下，虎齿人爪，其音如婴儿，名曰狍鸮，是食人。

典故 郭璞认为狍鸮就是饕餮，注道："为物贪惏，食人未尽，还害其身。像在夏鼎，所谓饕餮是也。"

传说缙云氏有个不肖之子，贪于饮食，奢侈敛财，十分令人厌恶，天下百姓就把他称为饕餮，从此饕餮就成了贪吃者的称谓。

由于饕餮的形象凶恶可怕，商周以后，铜器上的裂口巨眉者、两眉直立者、有首无身者全被归入了饕餮名下，它作为贪吃者的寓意逐渐产生变异，增加了驱邪避祸的功能。它庄严肃穆、冷淡狰狞的表情正好应了古时人们避祸求福的心愿。

酸与，长得像蛇，却有四只翅膀、六只眼睛和三只脚，叫声像自己名字。它一旦出现，就会有恐怖的事。

原典

《山海经·北山经》有鸟焉，其状如蛇，而四翼、六目、三足，名曰酸与，其鸣自诙，见则其邑有恐。

典故

郭璞在《山海经图赞》中给酸与赋予了一个"吃了不醉"的疗效："景山有鸟，禀形殊类。厥状如蛇，脚三翼四，见则邑恐，食之不醉。"

454

酸 suān
与 yǔ

第五章

灾难图鉴

鳛鱼

huá

yú

简介 鳛鱼形状与一般的鱼相似，却长着一对鸟翅，而它发出的声音如同鸳鸯鸣叫。

原典 原典:《山海经·东山经》其中多鳛鱼，其状如鱼而鸟翼，出入有光。其音如鸳鸯，见则天下大旱。

蚩鼠
zī
shǔ

简介　蚩鼠形体像鸡却长着老鼠一样的毛，它在哪里出现，哪里就会有大旱灾。

原典　《山海经·东山经》有鸟焉，其状如鸡而鼠毛，其名曰蚩鼠，见则其邑大旱。

儵蠵

tiáo

róng

简介 儵蠵形体与黄蛇相似，长着鱼一样的鳍，出入水中时闪闪发光，它的出现预示着地方会遭遇大旱。

原典 《山海经·东山经》末涂之水出焉，而东南流注于沔，其中多儵蠵，其状如黄蛇，鱼翼，出入有光，见则其邑大旱。

典故 东晋文学家郭璞创作的《江赋》中曾提到"儵蠵拂翼而掣耀，神蜧蝹蜦以沉游"。意思是，传说中的儵蠵在江面拂动着闪闪发光的翅膀。

轭轭

líng

líng

简介 轭轭外形像长着老虎斑纹的妖牛，其声清脆悠扬。它还有控制水的法力，一旦出现，天下就会发生大的水灾。

原典 《山海经·东山经》有兽焉，其状如牛而虎文，其音如钦。其名曰轭轭，其鸣自叫，见则天下大水。

典故 轭轭，形如水牛，只是身上有老虎般的花纹，其声清脆悠扬，性情温和，看起来温和无害，但实际上它却是传说中的灾兽，掌握着天灾的力量，能唤来洪水淹没一切。

第五章

灾难图鉴

简介 犰狳外形像兔子，却长着鸟嘴、鸱鹰眼和蛇尾，一看见人就躺下装死，发出的叫声像是自己的名字，一出现就会有蠹斯、蝗虫伤害庄稼。

原典 《山海经·东山二经》有兽焉，其状如菟而鸟类喙，鸱目蛇尾，见人则眠，名犰狳，其鸣自讠丁，见则蠹蝗为败。

典故 南美有一种名叫犰狳的动物，长相也和《山海经》描述的怪兽类似。犰狳，又称"铠鼠"，是生活在中美和南美热带森林、草原、半荒漠及温暖的平地和森林的一种濒危物种。

459 犰 qiú

狳 yú

460

朱獳

zhū

nòu

简介　朱獳样子像狐狸，背部长有鱼鳍，一旦出现，地方会产生恐慌。

原典　《山海经·东山经》有兽焉，其状如狐而鱼翼，其名曰朱獳，其鸣自讠凡，见则其国有恐。

山海经

神怪大全

简介	鸬鹕外形像鸳鸯却长着人脚，发出的叫声便是自己的名字，它一出现，当地就会有大兴土木的劳役。
原典	《山海经·东山经》沙水出焉，南流注于涔水，其中多鸬鹕，其状如鸳鸯而人足，其鸣自詨，见则其国多土功。
典故	有一种说法，鸬鹕就是鹈鹕，也叫塘鹅。鹈鹕是生活在水边的群居鸟类，是世界上现存体型最大的鸟类之一，体型最庞大的鹈鹕可达两米，其喙部大而长。这种鸟类最大的特点，是其下颌有一个巨大的皮囊，可以用来捕鱼。 《本草纲目》对鹈鹕的体态特征和生活习性有详细的记载："鹈鹕处处有之，水鸟也。似鹗而甚大，灰色如苍鹅。喙长尺余，直而且广，口中正赤，颌下胡大如数升囊。好群飞，沉水食鱼，亦能竭小水取鱼。"

鸬鹕

lí

hú

462

獱獱

bì

bì

简介　獱獱外形像狐狸，长有翅膀，发出的声音如同大雁，它一出现就会发生大旱灾。

原典　《山海经·东山经》有兽焉，其状如狐而有翼，其音如鸿雁，其名曰獱獱，见则天下大旱。

蠪蛭

蠪 lóng
蛭 zhì

简介

原典

典故

山海经

神怪大全

简介 蠪蛭长得像狐狸，有九个头和九条尾巴，会发出像婴儿一样的叫声。

原典 《山海经·东山经》有兽焉，其状如狐，而九尾、九首、虎爪，名曰蠪蛭，其音如婴儿，是食人。

典故 《事林广记》记载："凫丽山有兽状如狐，而九首九尾虎爪马鬣，名曰蠪蛭，音如婴儿，见则十一岁大穰也。"与《山海经》中记载的吃人的野兽不同，《事林广记》中的蠪蛭变成了一种预兆着丰收的吉兽。

| 简介 | 峳峳长得像马，有四只角、羊眼、牛尾，声音如同狗叫，在它出现的地方通常会有很多奸猾之徒。 |

| 原典 | 《山海经·东山经》有兽焉，其状如马，而羊目、四角、牛尾，其音如嗥狗，其名曰峳峳，见则其国多狡客。 |

| 典故 | 《中国古代动物学史》认为峳峳就是鹅喉羚。鹅喉羚属典型的在荒漠、半荒漠区域生存的动物，体形似黄羊，因雄羚在发情期喉部肥大，状如鹅喉，故得名"鹅喉羚"。也有学者认为峳峳是马羚。因为马羚头部像羊，身体像马，有角，尾巴更长，和牛尾类似。两只长长的耳朵，远处看像两只角。 |

峳 yōu

峳 yōu

第五章

灾难图鉴

465

絜鈎

xié

gōu

简介 絜鈎，形状像野鸭子，长着老鼠一样的尾巴，擅长攀登树木，在哪个国家出现哪个国家就多次发生瘟疫。

原典 《山海经·东山经》有鸟焉，其状如凫而鼠尾，善登木，其名曰絜鈎，见则其国多疫。

466

猲狙

gé

dàn

简介 猲狙，形状像狼，长着红脑袋，有
和老鼠一样的眼睛，发出的声音像
小猪叫，吃人，是人们害怕的凶兽。

原典 《山海经·东山经》有兽焉，其状
如狼，赤首鼠目，其音如豚，名曰
猲狙，是食人。

魆雀

qí

què

简介 魆雀，形状像普通的鸡，但长着白色的脑袋，老鼠的脚，老虎的爪子，是一种会吃人的鸟。

原典 《山海经·东山经》有鸟焉，其状如鸡而白首，鼠足而虎爪，其名曰魆雀，亦食人。

典故 《禽虫典》中记载了这样一个传说：明朝崇祯年间，凤阳地方出现很多恶鸟，兔头、鸡身、鼠足，肉味鲜美，但骨头有剧毒，人吃了会被毒死。人们认为这些鸟就是魆雀。

468

薄鱼
bó yú

薄鱼，形状像鳣鱼，长了一只眼睛，发出的声音像人在呕吐。它是一种凶鱼，一出现，天下就会发生大旱灾。

《山海经·东山经》石膏水出焉，而西流注于㟠水，其中多薄鱼，其状如鳣鱼而一目，其音如欧，见则天下大旱。

有人认为薄鱼便是薄鳅。薄鳅喜欢生活在江河的上游，眼睛特别小，额头上长着一个别致的圆点。人们如果不仔细观察，完全有可能忽视了薄鳅那一对不引人注意的眼睛，而把额头上的圆点当成薄鳅的眼睛。

469

合窳

hé

yǔ

山海经

神怪大全

简介

合窳也是会佯装婴儿啼声的食人兽中的一员。它生活在剡山一带，长着人的面容，身子如同猪一样，呈黄色，还有一条红色的尾巴。除了吃人，合窳也吃虫和蛇类。它的出现预示着将会有洪涝灾害发生。

原典

《山海经·东山经》有兽焉，其状如彘而人面。黄身而赤尾，其名曰合窳，其音如婴儿，是兽也，食人，亦食虫蛇，见则天下大水。

典故

郭璞《山海经图赞》云："猪身人面，号曰合窳。厥性贪残，物为不咀，至阴之精，见则水雨。"是说这种怪兽本性贪婪凶残，什么都吃，是极为阴毒的怪兽。

470

蜚

fēi

简介 蜚，外形像牛，头部为白色，却长着蛇的尾巴，只有一只眼睛。

原典 《山海经·东山经》有兽焉，其状如牛而白首，一目而蛇尾，其名曰蜚，行水则竭，行草则死，见则天下大疫。

典故 蜚是传说中的灾兽，当"蜚"进入水中时，水会立即干涸；进入草丛时，草立即枯死。它出现的地方都会发生大的灾难，故而世人皆畏惧此兽。传说春秋时期，蜚兽出现，天下大旱，草木枯萎，大地上瘟疫横行。

第五章

灾难图鉴

四五三

鸣蛇的形状似蛇，但长着四只翅膀，发出的声音与敲磬时发出的声音相似。它出现在哪个地方，哪个地方就会发生旱灾。

《山海经·中山经》其中多鸣蛇，其状如蛇而四翼，其音如磬，见则其邑大旱。

鸣蛇虽然是种灾兽，但也有有用的地方，古人常常将它和肥遗的形象画在墓室或棺椁上，希望用它带来干旱，从而保持墓室干燥，尸体不腐。

山海经 | 神怪大全

471

鸣 míng

蛇 shé

化 huà
蛇 shé

简介	化蛇长着人一样的脸，豺一样的身子，鸟一样的翅膀，像蛇一般爬行游动，发出的声音像人在大声呵斥。它出现在哪个地方，哪个地方就会发生大水灾。
原典	《山海经·中山经》其中多化蛇，其状如人面而豺身，鸟翼而蛇行，其音如叱呼，见则其邑大水。
典故	《山海经图赞》曰：鸣化二蛇长得很相似，都能用翅膀在海上遨游，见到它们会有灾难，鸣蛇兆旱，化蛇兆水。

马腹

mǎ
fù

简介 马腹，人面虎身，发出的声音与婴儿啼哭声相似，吃人。

原典 《山海经·中山经》有兽焉，其名曰马腹，其状如人面虎身，其音如婴儿，是食人。

典故 马腹还称人膝、水虎，《蠕范》中说，它除了人面虎爪以外，还长有鳞片，常没入水中，只留爪子示人，如果有人去玩弄它的爪子，它便将人拉下水杀死。

夫诸

fū

zhū

简介 夫诸是一种不祥之兽，形状像白鹿，头上长有四只角。它在哪个地方出现，哪个地方就会发生水灾。

原典 《山海经·中山经》有兽焉，其状如白鹿而四角，名曰夫诸，见则其邑大水。

第五章

灾难图鉴

犀渠

犀渠 xī qú

简介

犀渠的形状与牛相似，身子是青灰色的，发出的叫声如同婴儿的啼哭声，会吃人。

原典

《山海经·中山经》有兽焉，其状如牛，苍身，其音如婴儿，是食人，其名曰犀渠。

典故

犀渠除了是一种异兽以外，古人还把以犀皮制成的盾牌称为"犀渠"。《吴都赋》中记载：家家有鹤膝之矛，户户有犀渠之盾，军用物资蓄藏备用，各种器械兼收储存。

476

山膏

shān

gāo

简介 | 山膏这一种野兽，形状与猪相似，周身通红如火，喜欢骂人。

原典 | 《山海经·中山经》有兽焉，名曰山膏，其状如豚，赤若丹火，善訾。

第五章

灾难图鉴

477

天 愚

tiān

yú

简介

天愚神居住在堵山，这座山里常常
会刮怪风、下怪雨。

原典

《山海经·中山经》又东二十七里，
曰堵山。神天愚居之，是多怪风雨。

478

文文

wén

wén

简介 文文是一种形如黄蜂的小兽，尾巴上有两个分叉，舌头倒生，喜欢呼叫。

原典 《山海经·中山经》有兽焉，其状如蜂，枝尾而反舌，善呼，其名曰文文。

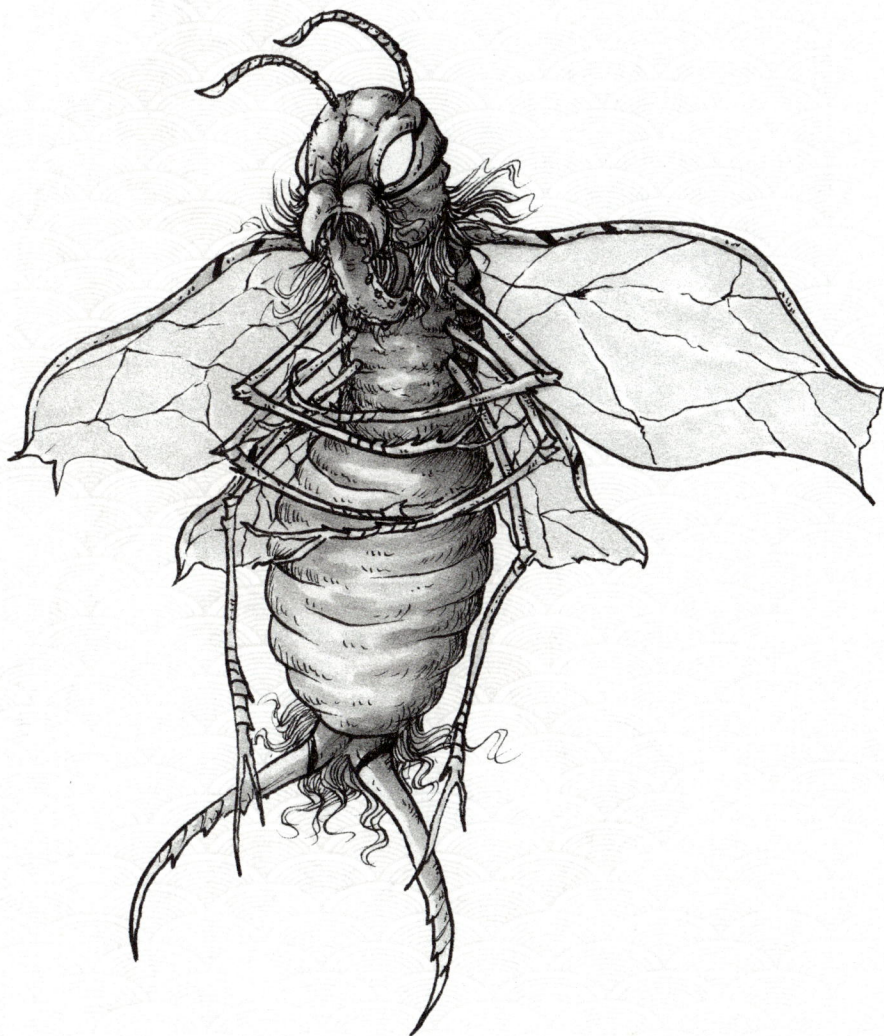

狼 sì láng

简介 狼的形状与狐狸相似，尾巴是白色的，耳朵长长的，它只要一出现，就会爆发战争。

原典 《山海经·中山经》有兽焉，其状如狐，而白尾长耳，名狼，见则国内有兵。

480

跂踵

qí

zhǒng

简介 跂踵的形状与猫头鹰相似，长着一只脚、猪一样的尾巴。它出现在哪个国家，哪个国家就会有大的瘟疫发生。

原典 《山海经·中山经》有鸟焉，其状如鸮，而一足彘尾，其名曰跂踵，见则其国大疫。

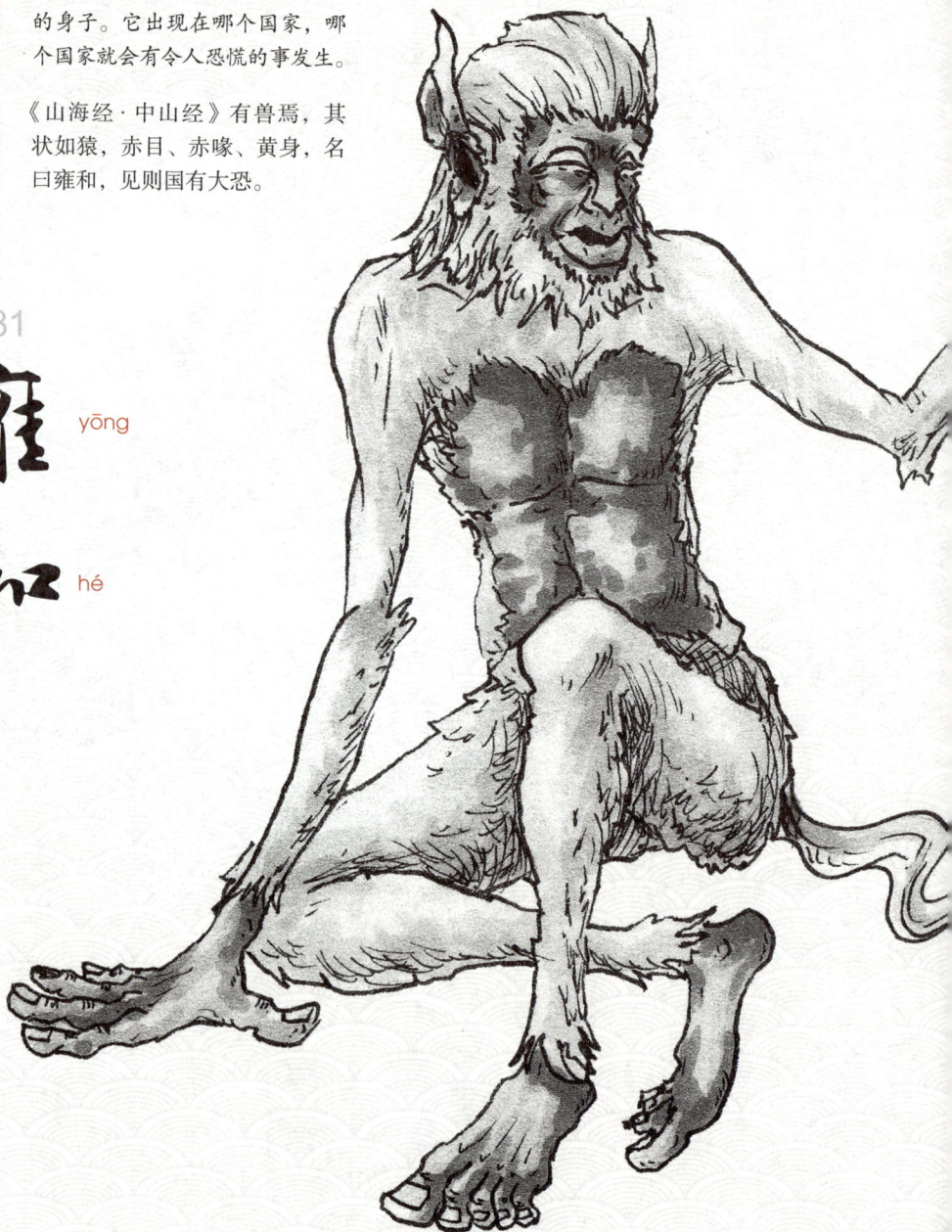

简介　雍和是一种形似猿猴的灾兽，长着红色的眼睛、红色的嘴、黄色的身子。它出现在哪个国家，哪个国家就会有令人恐慌的事发生。

原典　《山海经·中山经》有兽焉，其状如猿，赤目、赤喙、黄身，名曰雍和，见则国有大恐。

481

雍 yōng

和 hé

简介	耕父虽是神，却象征着灾难，他出现在哪个国家，哪个国家就会衰亡。耕父住在丰山中，他常常到清泠渊巡游，出入时发出闪闪的光亮。
原典	《山海经·中山经》神耕父处之，常游清冷之渊，出入有光，见则其国为败。
典故	汉代张衡在他所做的《南都赋》中说："耕父，旱鬼也。"《南都赋》正是他为了颂扬家乡南阳所作。《山海经》中提到的耕父所在的丰山就在南阳城北30里。而丰山脚下便是耕父居住的清泠渊。唐代，为避唐高祖李渊的名讳，人们将"清泠渊"改名"清泠泉"。据说，在丰山东麓，曾经有摩崖石刻"清泠泉"三字，只是后来人们在丰山开山炸石，摩崖石刻也消失了。

482

耕 gēng
父 fù

483

狨

简介 狨，形状与刺猬相似，全身通红如火。它出现在哪个国家，哪个国家就会发生大瘟疫。

原典 《山海经·中山经》有兽焉，其状如彙，赤如丹火，其名曰狨，见则其国大疫。

484

狙如 jū rú

简介 狙如，形状与猷鼠相似，有白色的耳朵和白色的嘴。它出现在哪个国家，哪个国家就会有大的战争发生。

原典 《山海经·中山经》有兽焉，其状如猷鼠，白耳白喙，名曰狙如，见则其国有大兵。

典故 《山海经图赞》称狙如长得很小，它本身无害，但一出现，就会有两军交战。

485

狕即

yí
jí

山海经

神怪大全

简介 | 狕即，形状与膜犬相似，长着红色的嘴、红色的眼睛、白色的尾巴，它在哪里出现，哪里就会有火灾发生。

原典 | 《山海经·中山经》有兽焉，其状如膜犬，赤喙、赤目、白尾，见则其邑有火，名曰狕即。

486

梁渠

liáng qú

简介 梁渠的形状与山猫相似，脑袋是白色的，长着老虎一样的爪子。它出现在哪个国家，哪个国家就会有大的战事发生。

原典 《山海经·中山经》有兽焉，其状如狸，而白首虎爪，名曰梁渠，见则其国有大兵。

487

闻獜 wén lín

简介 闻獜，形状与猪相似，长着黄色的身子、白色的脑袋、白色的尾巴。只要它一出现，天下就会刮起大风。

原典 《山海经·中山经》有兽焉，其状如彘，黄身、白头、白尾，名曰闻獜，见则天下大风。

488、489

鸐鸟鵸鸟

cì

niǎo

zhān

niǎo

| 简介 | 鵸鸟和鸐鸟的羽毛呈青黄色，凡是它们经过的国家都会败亡。鵸鸟长着人一样的脸，居住在山上。一说这两种鸟统称维鸟，是青鸟、黄鸟聚集在一起的混称。 |

| 原典 | 《山海经·海外西经》鵸鸟、鸐鸟，其色青黄，所经国亡。在女祭北。鵸鸟人面，居山上。一曰维鸟，青鸟、黄鸟所集。 |

490

相 xiāng
柳 liǔ

简介 相柳即相繇，是古代神话传说中共工之臣。据传，相柳人面蛇身，有九首。后被禹所杀，其血腥臭，沾地，地则不生谷。

原典 《山海经·海外北经》共工之臣曰相柳氏，九首，以食于九山。相柳之所抵，厥为泽溪。禹杀相柳，其血腥，不可以树五谷种。禹厥之，三仞三沮，乃以为众帝之台。

典故 共工有位臣子名叫相柳氏，长着九个脑袋，分别在九座山上取食。相柳所触到的地方，都会变成沼泽和溪流。据说，共工发大洪水时相柳助纣为虐，所以大禹平息洪水后便杀死了相柳。相柳身上流出的血腥臭无比，所流经的地方都不能种植五谷。大禹掘土填埋被污染的土地，填满了三次却塌陷了三次，于是大禹修建了几座台来镇压妖魔。帝台在昆仑山的北面、柔利国的东面。

491

丹朱
dān
zhū

| 简介 | 传说中，丹朱是尧的儿子，据说他傲慢荒淫，所以尧才传位于舜。 |

| 原典 | 《山海经·海内南经》苍梧之山，帝舜葬于阳，帝丹朱葬于阴。 |

492

穷奇

qióng

qí

简介 《山海经·海内北经》记载的穷奇，与《山海经·西山经》记载的不同，这里的穷奇的形状像一般的老虎，却生有翅膀。据说穷奇吃人是从人的头开始吃，也有说法认为穷奇吃人是从人的脚开始吃起。

原典 《山海经·海内北经》穷奇状如虎，有翼，食人从首始，所食被发。

493、494

贰负与危

 èr fù yǔ wēi

简介　贰负是人面蛇身的天神，危是贰负的臣子，危与贰负一起
杀死了神窫窳。

原典　《山海经·海内西经》贰负之臣曰危，危与贰负杀窫窳。
帝乃梏之疏属之山，桎其右足，反缚两手与发，系之山上
木。在开题西北。

典故　贰负和危合伙杀死了另一个人面蛇身的天神窫窳。天帝知
道后十分震怒，于是把危拘禁在疏属之山，给他的右脚戴
上脚镣，反绑他的双手，拴在山中的大树上。囚禁他的地
方位于开题国的西北边。
《乾馔子》：汉宣帝时期，发生了一次山崩，山崩后出现
一石室，发现了两个奇怪的人形物，只见这个人被反缚在
械上，长数尺，发长丈余，在微微而动。刘向云认出这是
出《山海经》贰负与臣危，他们杀了窫窳，天帝将他们囚
禁在山中。危懂得胎息之术，所以天帝禁锢他的右足。

495

蚼犬

tǎo

quǎn

蚼犬是一种凶恶的食人兽，外形与狗相似，全身青色，吃人时先从脑袋开始吃。

《山海经·海内北经》蚼犬如犬，青，食人从首始。

496

玄 xuán

蛇 shé

简介　玄蛇，便是黑蛇，喜欢吃鹿类动物。

原典　《山海经·大荒南经》黑水之南，
有玄蛇，食麈。

典故　传说玄蛇是古时生长在岭南群山中的
蚺蛇，粗大如台柱，有剧毒，身体所
接触的草木皆会变成黑色，随之枯萎。

497

天犬

tiān

quǎn

简介	天犬，一种赤色的狗，它在哪里出现，哪里就会有战争发生。
原典	《山海经·大荒西经》有赤犬，名曰天犬，其所下者有兵。
典故	天犬不同于天狗。《山海经·西山经》中的阴山天狗"可以御凶"，与天犬"其所下者有兵"属性明显不同。

山海经

神怪大全

498

蚩尤

chī

yóu

简介 蚩尤原是南方一个巨人部族的首领，后来成为炎帝手下一员大将，他生得异常高大，勇猛无比。曾多次和黄帝展开战争，最终兵败，被黄帝斩首。

原典 《山海经·大荒北经》蚩尤作兵伐黄帝，黄帝乃令应龙攻之冀州之野；应龙畜水。蚩尤请风伯、雨师，纵大风雨。黄帝乃下天女曰魃，雨止，遂杀蚩尤。

499

女魃

nǚ bá

简介　女魃，或名女妭，是中国古代神话传说中的旱神，身份为天女，一说是黄帝之女。

原典　《山海经·大荒北经》有人衣青衣，名曰黄帝女魃。蚩尤作兵伐黄帝，黄帝乃令应龙攻之冀州之野。应龙畜水，蚩尤请风伯雨师，纵大风雨。黄帝乃下天女曰魃，雨止，遂杀蚩尤。魃不得复上，所居不雨。叔均言之帝，后置之赤水之北。叔均乃为田祖。魃时亡之。所欲逐之者，令曰："神北行！"先除水道，决通沟渎。

典故　黄帝与蚩尤在逐鹿交战时，双方打得不分上下。蚩尤制造兵器攻击黄帝，黄帝便派应龙在冀州的原野与蚩尤作战。应龙蓄积了很多水，蚩尤请来风伯和雨师，天上掀起狂风暴雨。黄帝于是请来一位名叫魃的天女，魃从天上下来后雨就停住了。后来黄帝杀了蚩尤，取得了战争的胜利。

女魃尽管立下了汗马功劳，但战后再也无法回到天上，凡是她居住的地方，滴雨不至，旱灾连年。田祖叔均把这件事报告给了黄帝，黄帝就让魃住到了赤水的北面。魃并不安分，常四处逃逸，她所到之处，百姓只好举行逐旱魃的活动。在逐旱魃之前，百姓会先疏浚水道，决通沟渠，然后向她祝祷："神啊，回到赤水以北你的老家去吧！"据说逐旱魃以后便会天降甘霖。